Helmut Mülfarth

Suche nach der Zeitlichkeit

oder

Wo ist mein Buddha hin?

Helmut Mülfarth

Suche nach der Zeitlichkeit

Buch

Übrigens – wie klingt das Klatschen einer Hand?
Da stimmt doch was nicht. Solche paradoxen Zen-
Koan, diese unlösbaren Aufgaben, mit denen sich
die buddhistischen Mönche der *Rinzai-Shū* (Rinzai-
Schule) beschäftigen müssen, kennt fast jeder, der
sich mit dem Buddhismus befasst. Lösungen dazu
finden sich mittlerweile im Internet. Aber sind es
wirklich Lösungen? Das vorliegende Buch
versucht sich im Nachdenken über buddhistische
Themen, angelehnt an die Form des japanischen
Haibun. Allerdings enden die Texte nicht, wie dort,
mit einem lyrischen Haiku, sondern ab und zu mit
einem schlichten Nachdenksatz.

Bibliografische Information der Deutschen Nationalbibliothek:
Die Deutsche Nationalbibliothek verzeichnet diese Publikation
in der Deutschen Nationalbibliografie; detaillierte
bibliografische Daten sind im Internet über http://dnb.dnb.de
abrufbar.

Herstellung und Verlag: BoD – Books on Demand,
Norderstedt

Umschlagszeichnung: Helmut Mülfarth

ISBN: 978-3-7494-3408-4

Autor

Helmut Mülfarth ist gelernter Journalist, studierte Kulturwissenschaften und arbeitete viele Jahre als Redakteur und Dokumentarfilmer für deutsche und französische Sender.

Er lernte im japanischen Kloster *Shinsho-Ji Hokusai Zendo* bei Abt Noritake Roshi die Zen-Meditation. Danach besuchte er verschiedene Retreats buddhistischer Formen wie *Vipassana* und *Sati-Zen* nach Thich Nhat Hanh, besuchte ein buddhistisches Kloster im Himalaya-Königreich Bhutan, das *Paro Rimpong Dzong,* und lernte dort den tibetischen Buddhismus kennen.

Helmut Mülfarth setzt sich für einen europäischen engagierten Buddhismus eigener Prägung ein und leitet Kurse für Zen-Meditation.

Von Helmut Mülfarth erschien bisher:

Tierzeit, DuMont-Verlag

Wen die Schwerkraft tötet, Twentysix

Tässchen Tee mit Wildschwein und Co., Twentysix

Wir unterscheiden uns nur in dem, woran wir uns festklammern.

„Was du für richtig hältst, halte ich für falsch. Was ich für richtig halte, hältst du für falsch. Sind wir nicht beide sehr gewöhnliche Menschen?"

Prinz Shōtoku, im Jahr 604 verfasst.

GEMEINSAM ALLEIN – SUPER!

Er hört schon sehr früh von indischer Philosophie und das prägt vor allem sein Verhältnis zur Natur und zum Beobachten. Von wem ich schreibe? Tatsächlich von einem Pfarrer und Schriftsteller aus Amerika. Klingelt es? Nein? *Ralph Waldo Emerson* ist einer der ganz Großen, wenn es um das Gedankengut des Buddhismus geht.

Hier ein Zitat:

„Es ist sehr leicht, in der Welt zu leben, wenn man der Meinung der Welt folgt. Es ist sehr leicht, in sich selbst zu ruhen, wenn man allein ist. Doch der vollkommene Mensch ist der, welcher inmitten der Menge mit aller Freundlichkeit seine einsame Unabhängigkeit bewahrt."

Ralph Waldo Emerson lebte im 19. Jahrhundert und begründet die Philosophiegeschichte der USA. Auf die indische Philosophie wird er bei einer Europareise aufmerksam, einer Philosophie, die vor allem auf die indischen Veden zurückgeht. Aber eben auch der Buddhismus gehört zur indischen Philosophie und die buddhistischen Gedanken finden sich bei Emerson in seinen Vorträgen und seinen Texten wieder. Der Mensch soll vor allem ganz einfach und im Einklang mit der Natur leben. Für ihn war Gott keine höhere Macht, obwohl Emerson ja auch Pfarrer war. Der Mensch soll sich selbst durch seine schöpferische Kraft aus den Leiden befreien. Vor allem durch die Selbstbeobachtung in der Meditation. Selbsterkenntnis führt zur Heilung und zur Veränderung des Selbst.

Ich gehe jetzt vor die Tür und in die Fußgängerzone. Dabei bemühe ich mich, in mir zu ruhen und den anderen mit Freundlichkeit zu begegnen. Keine leichte Aufgabe.

BLUMENSCHNEIDEN FÜHRT ZUM LEBEN

Kein Problem. So ein schöner Blumenstrauß hat immer was. Es ist ja auch einfach: Vase raus, Wasser rein, Stängel gekappt und fertig. Die Blumen wirken schon von alleine, was soll da denn noch Kunst sein? Und vor allem: Was hat das mit der Zen-Philosophie zu tun? Die Kunst des Blumensteckens hat in Japan eine lange Tradition und war nix für Frauen. Schließlich musste man(n) ein Adeliger oder Priester sein, um die Blumen richtig arrangieren zu können. Gerade die Japaner (jedenfalls die meisten) haben ein inniges Verhältnis zur Natur. Bevor der Buddhismus in Japan Fuß fassen konnte, gab es die Naturreligion des Shinto. Sie ist bis heute geblieben. Der Buddhismus hat sich aber mit dem Shinto verbunden. Dabei sind die kleinen und großen *Kami*, die Naturgötter, überall zu finden. Das spielte sich zunächst bis zum 6. Jahrhundert ab und dann kam der Buddhismus über Korea (Seon) und China (Chan) nach Japan. Daraus wurde dann Zen. Natürlich beschränkt sich der Buddhismus nicht nur auf Zen. Aber zurück zu den Blümchen in der Vase.

Es geht darum Himmel, Erde und Mensch darzustellen mit einem bestimmten Arrangement von Blüten, Blättern und Zweigen und es geht vor allem auch um das, was man nicht sieht: die Zwischenräume, das was leer bleibt. In den Chroniken Japans, den *Nihon shoki* heißt es: „Jede Pflanze vermag sehr wohl sich selbst auszudrücken."

Es ist also nicht einfach „Oh – ein schöner Blumenstrauß, den stecke ich mal flugs in eine Vase." Ikebana ist vielmehr eine Kunst und hat seinen Ursprung im Zen-Buddhismus. Wenn die Blumen abgeschnitten werden, hat das die Bedeutung des kleinen Todes, der von allen Abhängigkeiten befreit und somit schließlich zum Leben führt. Das scheint paradox. Doch zum Leben gehört die Vergänglichkeit, die Zeit. Beim Arrangieren des Gesteckes ist auch die Leere wichtig, genauso wie im Zen. Erst die Leere führt zur Harmonie der gesteckten Blumen. Es ist vergleichbar mit der Leere eines Speichenrades. Nur durch die Zwischenräume von einer Speiche zur anderen ist das Rad in der Lage, ein Rad zu sein und sich um die Nabe zu drehen. Die Leere schafft die Balance und führt zur Bestimmung in der Natur.

SEIN ODER NICHT SEIN? WO IST ER HIN?

Es klingt immer so hart, wenn es heißt: „Töte den Buddha, wenn du ihn siehst!" Aber es ist klar, denn der Buddha ist in dir, der soll erkannt werden und nicht woanders. Wenn ich also einen Buddha außerhalb meiner selbst treffe, ist das der falsche Buddha. Nun – er muss ja nicht gleich getötet werden, das ist etwas martialisch ausgedrückt und passt eigentlich überhaupt nicht zum Buddhismus, aber wie wäre es, wenn wir den anderen Buddha einfach ignorieren, bis er sich von selbst auflöst? Im Grunde geht es bei „Buddha oder nicht", um die Frage, wer *ich* bin. Und nicht um die Frage: „… und wenn ja wie viele?"

Im Theravada-Buddhismus ist die Frage: *Wer bin ich?* eines der ersten Dinge, die nach der Ordination als Mönch hinterfragt werden sollen. Ich verändere mich im Laufe des Lebens. Ich bekomme Falten, kann mich nicht mehr gut bücken und brauche eine Brille, um das Kleingedruckte zu lesen. Ich sehe in den Spiegel und bin nicht in der Lage mich wirklich zu sehen. Ich sehe jemanden, der sich nicht verändert hat. Objektiv ist das natürlich anders. Der Weg ist, unser Bewusstsein für Veränderungen zu erweitern. Denn alles verändert sich. Im Laufe des Jahres verändert sich die Natur entsprechend der Jahreszeiten. Menschen sterben, die wir gekannt haben, Babys werden in unsere Familie geboren. All das zeigt uns, dass es kein wirkliches, fixiertes Selbst geben kann, sondern nur Veränderung. Beispiel: Ein Reiskorn ist ein Reiskorn und wenn es ein Selbst hätte (als Reiskorn), würde es nie zu einer Reispflanze heranwachsen, die dann wieder neue Reiskörner wachsen lässt. Es ist also tatsächlich gut, kein Selbst zu haben, sonst gäbe es keinen Wechsel der Umstände. Zen-Lehrer Shunryū Suzuki brachte es auf den Punkt: „Not always so."

Auch wir sind, wenn wir das lesen, keine Babys mehr. Ansonsten wären wir ziemlich hochbegabt. Wir haben uns entwickelt und verändert. Dann kommt noch etwas anderes hinzu: Wir sind eine Billardkugel auf dem Billardtisch des Lebens. Stellen wir uns vor, der Tisch ist voller Billardkugeln. Immer wenn ich mich bewege und irgendwohin rolle, verändere ich nicht nur meine Position, sondern auch die der anderen.

Umgedreht genauso. Die anderen beeinflussen mit ihrer Bewegung auch meine Position. Ich kann also auf dem Billardtisch des Lebens nicht völlig unabhängig von den anderen sein. Ich kann mir natürlich einreden, dass ich völlig frei in meinen Entscheidungen, Emotionen und Handlungen bin.

Es ist sehr befreiend, das illusorische Selbstgefühl loszulassen. Es führt zu mehr Mitgefühl zu meinen Mitmenschen, zu mehr Achtsamkeit für und in der Natur. Alles verändert sich und das scheinbare Ich in mir auch und die Selbstlosigkeit wird klar.

FAULE SOCKE!

Wer kennt den Sketch „Ich will hier nur sitzen …"
von Loriot? Ein Mann sitzt gemütlich in seinem
Sessel und seine Frau läuft im Hintergrund immer
hin und her und fordert ihn auf, etwas zu tun, aber
er will einfach nur sitzen und ist dabei glücklich.
Ein Zustand, den uns *Shikantaza* auch geben kann
(natürlich ohne die auffordernde Frau). Der
japanische Begriff wird meistens mit *„einfach nur
sitzen"* übersetzt, aber er ist weitaus mehr. Dogen
Zenji, der Gründer der Sōtō-Schule, der Schule des
einfachen Sitzens, hat betont, dass Zazen jenseits
des Sitzens oder Liegens ist. Und kann der Übende
besser werden, wenn er immer dasselbe tut? Die
Frage ist schon falsch, da es hierbei scheinbar um
eine Leistung geht oder ein Ziel, das es zu erreichen
gilt. Es gibt nichts zu erreichen. Wir sind einfach
nur da, ganz bewusst, und ein Bewusstsein wächst
nicht, ändert sich nicht. Es ist möglich, sich etwas
bewusst zu machen, was man vorher nicht gesehen
hat, aber das Bewusstsein ist vorher und nachher
dasselbe. Es geht nicht darum, ein konzentrierter
Yogi zu werden, der im Lotossitz unter einem

Blätterdach meditiert. Wir brauchen den Anfängergeist, den Geist eines Kindes im Zen. Es verschmilzt mit dem, was es in der Natur entdeckt und Zeit existiert nicht. Zu dieser kindlichen Neugierde und diesem Wissensdurst müssen wir beim Sitzen kommen. Es wird oft versucht zu erklären, was denn da passiert. Es ist nicht zu erklären. Wir wollen Gebete, Gesang, Visualisierungen, um für uns selbst etwas erklärbar zu machen. Und dieser Dogen sagt einfach Shikantaza und wir hocken uns auf das Kissen, verschließen halb unsere Augen und warten darauf, dass etwas passiert. Es muss ja etwas passieren, sonst bräuchte ich ja nicht so lange auf dem Kissen zu sitzen und mir eingeschlafene Beine anzutun. Aber es passiert nichts. Rein gar nichts. Ein Blatt Papier hat eine Vorder- und eine Rückseite. Selbst wenn die Vorderseite voller geschriebener Gedanken ist, so kann die Rückseite doch leer sein. Kann ich ein Blatt nur mit einer Vorderseite haben? Es wäre dann kein Blatt mehr.

Oft wird gesagt, dass Zazen *sterben lernen* bedeutet. Das klingt sehr düster, ist aber sicherlich nicht so gemeint. Es könnte auch anders ausgedrückt werden: „Wenn wir im Begriff sind zu sterben, gibt es viele Dinge, über die wir uns keine Sorgen machen müssen", sagt Zen-Lehrer Lewis Richmond. Stimmt, oder? Das Leben wird also einfacher im Bewusstsein des Sterbens.

OZEAN DES SEINS

Zen wurde einmal mit einem Ozean verglichen. Der Zen-Praktizierende sitzt zunächst am Strand und versucht zu einer Erkenntnis zu kommen, was der Ozean denn nun ist. Er steht auf und geht zum Wasser, um den Ozean zu spüren. Aber je mehr er weiter hineingeht (ich stelle mir dabei natürlich vor, dass er einen Taucheranzug trägt), je weniger weiß er. Der Ozean wird immer tiefer und unendlich weit. Macht Zen dann noch Sinn? Was soll das, sich hinzusetzen und die Zeit des Seins verstreichen zu lassen? Es macht keinen Sinn, so wie das Leben keinen Sinn macht. Wir können das Leben nicht nach einem Ziel ausrichten, weil wir am Ende sterben. Das wissen wir. Warum sich also abstrampeln, um eine Firma zu gründen, Erfolg im Beruf zu haben und sportliche Medaillen zu bekommen. Sinnlos. In hundert Jahren wird sich daran keiner mehr erinnern. Es ist absurd.

GEDANKEN AUFLÖSEN MIT SISYPHOS

Der französische Schriftsteller und Philosoph Albert Camus schrieb: „Das Absurde hat nur insofern einen Sinn, als man sich nicht mit ihm abfindet." Dies ist in sich natürlich absurd. Sinnlos. Genauso wie die Schwerstarbeit des Griechen Sisyphos, des Sohnes des Königs von Korinth, der einen schweren Stein einen Berg hinaufrollen muss. (Homer sagt uns übrigens nicht, warum er das machen muss.) Kaum an der Spitze angelangt, rollt der Stein zurück und Sisyphos fängt von vorne an. Macht das Sinn? Diese absurde Arbeit wurde zu einem geflügelten Wort für sinnlose Arbeit, die kein Ende findet: *Sisyphosarbeit*.

Sich im Zen auf ein Kissen zu setzen und Nichtstun zu praktizieren, ist somit absurd. Es könnte gut sein, dass es für die direkte Umgebung eines Menschen gut ist, nichts zu tun, statt wild und unüberlegt zu handeln. Es könnte zu Handlungen kommen, die er nachher bereut. Aber auch das Nichthandeln kann dazu führen, dass der Praktizierende es später bereut. Es gibt keine Logik dahinter. Es ist aber eine Sisyphosarbeit mit sich selbst. Wenn der Zen-Praktizierende sitzt, setzt er sich mit sich selbst und seinen Gedanken auseinander. Er versucht, seinen Gedanken nicht zu folgen, bis sie sich selbst auflösen. Gelingt das? Wir haben täglich im Durchschnitt 70.000 Gedanken, die wir den Berg hinaufrollen, in der Hoffnung, dass sie aufhören. Sie kommen immer wieder zurück. Nur nach dem Tod hören sie auf, aber dann machen sie keinen Sinn mehr.

Daher bedeutet Zen praktizieren auch sterben lernen.

WER BIN ICH?

Klar weiß ich, wer ich bin. Ich habe einen Namen, ich wurde geboren und habe einen Beruf. Dann nehmen wir einmal den Beruf weg, weil er beispielsweise in der heutigen Welt nicht mehr gebraucht wird. Bin ich dann noch ich? Ja klar, denn der Beruf hat mir vielleicht einen Lebensinhalt gegeben, aber letztendlich hat er mich doch nicht ausgemacht. Auch ohne Beruf bin ich. Der Name, den man mir nach der Geburt gegeben hat, ist willkürlich gewählt, ohne dass man mich wirklich gekannt hat. Bin ich ohne Namen noch ich? Ja klar, denn ich sehe mich ja immer noch im Spiegel. Angenommen meine Zehen würden bei einer Ersteigung des Mount Everest erfrieren und müssten amputiert werden, was natürlich sehr unschön wäre (ich würde aber auch nicht auf den Mount Everest klettern wollen). Aber wäre ich dann noch ich, auch wenn mir Zehen fehlten? Ja klar. „Wer bin ich?" ist eines der ersten Koan, die ganz frisch ordinierte Mönche im Theravada-Buddhismus bekommen. Die Antwort auf diese

Frage kann sofort gefunden werden, nach Monaten oder erst nach Jahren.

Die Nonne Chiyono fand die Antwort in einer ganz alltäglichen Handlung. Chiyono lebte im 13. Jahrhundert n. u. Z. und war der erste weibliche Zen-Meister. Viel weiß die Forschung nicht über sie. Einige wenige Gedichte hat sie hinterlassen, so eben auch eins über das Koan, die Rätselfrage „Wer bin ich?" Sie erkannte die Antwort als sie Wasser holte. Chiyono studierte Zen im Engaku-ji Tempel, der 1282 von dem chinesischen Zen-Mönch Mugaku Sōgen gegründet worden war. Die Antwort auf die Koan-Frage „Wer bin ich?" präsentierte sich Chiyono sehr plötzlich und vor allem nicht nach einer stundenlangen Meditation. Die Antwort kam im ganz Alltäglichen. Sie marschierte in einer Vollmondnacht los, um mit einem alten Eimer Wasser zu holen. Warum auch immer … Der Eimer war mit Bambusfasern zusammengehalten worden, die aber schon länger nicht mehr erneuert worden waren. Als sie mit dem vollen Eimer zurückkam, sah sie auf der Wasseroberfläche den Mond sich leuchtend spiegeln. Plötzlich rissen die Bambusfasern und der Boden fiel aus dem Eimer und genau in diesem Moment fand sie die Antwort auf ihr Koan.

Überliefert ist ein Gedicht, das sie anschließend schrieb:

Auf manche Weise versuchte ich,

den alten Eimer zu bewahren,

weil der Bambusstrick zerschlissen war und nah am Reißen,

bis zuletzt der Boden herausfiel.

Kein Wasser mehr im Eimer!

Kein Mond mehr im Wasser!

WANN FÄLLT DER SCHEINWERFER?

Krachend fiel ein Scheinwerfer zu Boden und direkt vor die Füße von Truman, gespielt von Jim Carrey. In dem Film „Die Truman-Show" lebt der kleine Versicherungsangestellte seit 29 Jahren unter einer Kuppel in einer künstlichen Stadt und beobachtet von 5.000 Kameras. Rund um die Uhr wird gesendet und die Zuschauer können das Leben von Truman sehen. Nur – er selbst weiß davon nichts. Er hält alles für echt und käme nie auf die Idee, dass er in einer Welt lebt, die nicht der Wirklichkeit entspricht. Bis zu dem Tag, als ihm der Scheinwerfer vor die Füße fällt.

Wann fällt uns ein Scheinwerfer vor die Füße? Woher wissen wir denn, dass unsere Welt echt ist und tatsächlich der Wirklichkeit entspricht? Keiner weiß zudem, warum er geboren wurde. Es hilft ein wenig die Meditation bei der Lösung der Frage. Der Mensch erwirbt dadurch die Fähigkeit zwischen der Welt, die sich in seinem Kopf abspielt und der wirklichen Welt zu unterscheiden. Wir müssen einfach die Welt in unserem Kopf verlassen. Ein Beispiel: Sie sitzen an einem schönen sonnigen Tag am Strand der Nordsee. Glauben Sie denn, dass in diesem Moment auch ein schöner Strand am Mittelmeer in Saint Tropez existiert? „Na klar", werden Sie vermutlich sagen, „da war ich mal … Moment … ich glaube im Sommer …" Stopp! Hier liegt der Trugschluss. Wenn Sie am Nordseestrand sitzen, umgibt Sie der Nordseestrand und nicht der Strand von Saint Tropez. Das mögen Sie vielleicht bedauerlich finden, aber die Nordsee ist jetzt in diesem Moment Ihre Wirklichkeit. Übrigens: Ein Croissant können Sie auch an den Nordseestrand mitbringen oder bestellen. Auf der Insel Borkum gibt es ein nettes kleines Café, das serviert kleine (noch warme) Croissants in Glasschälchen. Aber ich schweife ab.

Also ist es eigentlich ganz einfach. Die Welt in unserem Kopf hat nichts mit der Wirklichkeit zu tun, in der wir uns jetzt befinden. Ist gar nicht so schwer. Und somit wird auch klar, dass die Welt in unserem Kopf für viele Leiden verantwortlich ist, obwohl Sie jetzt in diesem Moment nicht (in der wirklichen Welt) da sind. Versuchen Sie einmal einfach, einen ganzen Tag in der Wirklichkeit zu leben. Machen Sie sich alles bewusst, was Sie tun, egal ob Sie sich die Schuhe zubinden, Kartoffeln schälen oder spazieren gehen.

Hören Sie auf zu denken.

MIT DEM BALLON DURCHS LEBEN

Was die Kinder mal später werden sollen, ist den Eltern oft schon ganz klar. Erst einmal Gymnasium und dann Medizin oder Jura studieren. Das versteht sich von selbst. Jetzt hat das undankbare Kind nun so gar keine Lust dazu und möchte lieber zum Theater oder Maler werden. Tischler geht auch. Die Eltern „meinen es nur gut", aber sie versuchen, ihre Wünsche zu erfüllen und nicht die der Kinder. Das Leben ist nun mal ungewiss und lässt sich nur schwer planen. Es kommt meistens ein Umstand auf seinem Weg hinzu, mit dem man vorher auf keinen Fall gerechnet hat. „Das Ungewisse akzeptieren. Im Ballon muss man die Flughöhe ändern, wenn man in eine andere Richtung will. Das Sicherheitsdenken loslassen", sagte Bertrand Piccard, Psychiater und Abenteurer. Und, wie man unschwer erkennen kann, ein begeisterter Ballonfahrer. Die Flughöhe zu ändern, bedeutet ganz einfach, mal einen anderen Weg einzuschlagen. Vielleicht mal ganz etwas Neues anfangen wie Yoga, Zeichnen oder in einem Chor singen. In jedem Fall wird die neue Flughöhe eine

Bereicherung des Lebens sein. Später können Sie ja wieder auf die erste Flughöhe zurückkehren, falls Sie das dann noch wollen, denn Sie haben ja durch die andere Flughöhe auch eine neue Sicht bekommen. Der Horizont sieht von dort vielleicht ganz anders aus.

Es bleibt nichts wie es ist. Zen-Lehrer Shunryū Suzuki brachte das auf den Punkt: „Not always so." Es bleibt nicht für immer wie es jetzt im Augenblick ist. Das gilt sowohl für einen glücklichen Moment genauso wie für eine leidvolle Situation. Nichts bleibt wie es ist.

„Not always so."

ES HEILT MICH NICHT

Meine Meditation hilft mir überhaupt nicht. Warum soll ich mich denn immer wieder hinsetzen? Stimmt, oder? „Zen ist für nix gut", sagte der buddhistische Lehrmeister Kōdō Sawaki. Er lief durch Japan, setzte sich immer wieder hin und lehrte Zazen, das Sitzen. Er provozierte mit dem Ausspruch, das Zen für nix gut ist. Dabei wollte er unsere Denkweise durchbrechen, die immer wieder darauf ausgerichtet ist, dass etwas ein Ziel haben muss. Wenn ich schon dreimal am Tag stillsitze, dann muss das doch zu etwas nutze sein, es muss doch verflixt nochmal zu einem Ergebnis führen. Möglicherweise liegt es auch an der Zeit des Sitzens, das Wann und Wo und Wie lange. Herr Kōdō bekräftigt: „Es gibt kein Ergebnis einer Messung." Das Sitzen alleine reicht. Nichts tun – nur sitzen und nicht darauf warten, dass sich etwas tut, womöglich die Erleuchtung. Nada, nix, niente. Wir machen uns selbst das Leben zur Hölle, wenn wir ständig werten.

„Ich wünschte, ich hätte nicht so viel Zeit damit verbracht, mir Sorgen darüber zu machen, was andere von mir dachten", war eine der Kernaussagen einer Studie unter 80-Jährigen an der Harvard University in Massachusetts. Sie wurden von dem Psychiater Robert Waldinger aufgefordert, ein wenig über ihren Lebensweg nachzudenken. Sie hatten einfach zu viel Angst vor der Kritik der anderen. Wir haben es verlernt, nur zu sein. Rücksicht auf andere ist dabei aber gemäß Konfuzius selbstverständlich: „Begegne den Menschen mit der gleichen Höflichkeit, mit der du einen teuren Gast empfängst." Wer es gerne europäischer mag, kann auf den Philosophen Emmanuel Kant zurückgreifen: „Handle nur nach derjenigen Maxime, durch die du zugleich wollen kannst, dass sie ein allgemeines Gesetz werde." Kurz: Sei nett zu deinen Mitmenschen. Genau das lehrte Siddhārtha Gautama und er ging noch einen Schritt weiter, denn das Verhalten sollte sich auf alle Wesen auswirken, also ebenfalls auf die Tiere. Wer oft meditiert, der reflektiert auch sein eigenes Verhalten, bis es ihm gelingt nur noch seinem Atem zu folgen. Was nicht einfach ist, denn der Mensch hat rund 70.000 Gedanken täglich. Warum gönnen wir unserem Gehirn nicht auch mal eine Ruhephase?

Kōdō Sawaki: „Zen ist für nichts gut."

Abt Dōgen Zenji gibt uns schon im 13. Jahrhundert den folgenden Rat: „Löse dich aus allen Bindungen und lasse die zehntausend Angelegenheiten ruhen. Denke nicht an Gut und Schlecht, urteile nicht über Richtig oder Falsch. Dein Geist und Bewusstsein drehen sich im Kreis – lass sie zur Ruhe kommen. Hör auf, alles mit deinen Gedanken und Meinungen abzuwägen. Versuche auch nicht, einen Buddha aus dir zu machen." Beschrieben wurde dieser Rat in Kōdō Sawakis Buch „Jeder Tag ist ein guter Tag".

Na denn – genießen Sie den Tag.

DER BAUM WIRFT BLÄTTER AB

Es ist warm, sehr warm und das schon seit etlichen Tagen. Die ersten Bäume bekommen gelbe Blätter, obwohl wir noch lange keinen Herbst haben. Aber es hat schon Tage nicht mehr genügend geregnet. Die Bäume haben Durst und versuchen ihren Wasserverbrauch durch die Blätter zu reduzieren, um zu überleben. Gleichzeitig füllen daneben Gartenbesitzer aufblasbare Pools mit Wasser, in denen sich ohne weiteres ein Mammut einseifen könnte. Nur so zum Vergnügen und nicht als Überlebensreservoir. Scheinbarer Überfluss, während die Bäume auf Minimalismus als Überlebensstrategie setzen. Vom vorsichtigen Umgang mit den Ressourcen der Natur sind wir noch ein ganzes Stück entfernt.

Da fällt einem der Begriff Achtsamkeit wieder ein, obwohl der doch mittlerweile tatsächlich etwas abgedroschen scheint. Aber wie anders ausdrücken? Es geht darum, dass wir die Bäume ebenfalls wahrnehmen und Dinge, die wir scheinbar so dringend für unser Leben benötigen, überdenken. Wir brauchen Kleidung, ein Dach über dem Kopf und Nahrung. Mehr ist es erst einmal grundsätzlich nicht, um nicht wieder als Neandertaler die Gegend um Düsseldorf zu durchstreifen. Genügsam zu sein bedeutet nicht, dass wir abgemagert in Sack und Asche herumlaufen und uns in eine Waldhütte verkriechen. Aber sehen wir doch mal in den Kleiderschrank. Brauchen wir drei Winterjacken und 25 Hemden? Doch wahrscheinlich nicht. Und jeden Tag Châteaubriant auf dem Tisch wird auf Dauer langweilig. Gemüse ist auch schmackhaft und lässt die Tiere und uns prima leben.

Es gibt auch einen Trend zum Vanlife und Tiny House. Aber auch das muss es nicht unbedingt sein, es sei denn, dass das genau der Lebensstil ist, der zu einem passt. Aber eine Villa mit zehn Räumen eben auch nicht. Noch nicht einmal, wenn wir unbedingt der Meinung sind, dass wir repräsentieren müssen. Dann scheinen wir doch eher ein Problem mit unserem Ego zu haben, wenn die äußere Welt wichtiger ist als unsere Persönlichkeit. Der mittlere Weg ist der erstrebenswerte. Einfach mal überlegen, was wir denn tatsächlich so brauchen, ohne uns gleich unwohl zu fühlen. Die Dokumentation „The Minimalists" (2021) hat das sehr gut auf den Punkt gebracht. Die beiden jungen Amerikaner Joshua Fields Millburn und Ryan Nicodemus berichten über ihr bisheriges Leben, wie sie darüber nachgedacht haben und schließlich sich selbst mit viel weniger glücklich fühlten. Komischerweise vermissten sie nach dem materiellen Abspecken nichts. Sehen wir von dem missionarischen Eifer der beiden ab, so ist doch die Grundidee eine Überlegung wert.

In dem Blog *The Minimalists* heißt es:

„Minimalismus ist ein Werkzeug, das Ihnen helfen kann, Freiheit zu finden. Freiheit von Angst. Freiheit von Sorgen. Freiheit von Überforderung. Freiheit von Schuldgefühlen. Freiheit von Depressionen. Freiheit von den Insignien der Konsumkultur, um die wir unser Leben herum aufgebaut haben. Echte Freiheit."

ANGST ESSEN SEELE AUF

Eigentlich ist es ein Gefühl, das uns schützen soll. So ist es von der Natur gedacht. Kommt ein Grizzlybär auf uns zu, laufen wir weg, weil wir Angst haben. Es sei denn, wir kennen den Grizzlybären persönlich. Das kommt aber in den seltensten Fällen vor. Die Angst ist ein sehr starkes Gefühl. Damit reagieren wir gewöhnlich auf eine persönliche Bedrohung. Siehe Grizzlybär. Es gibt die Angst auch krankhaft übersteigert und dann nennt der Psychologe dies Angststörung. Neurowissenschaftler bestätigen, was Buddhisten bereits vor einigen Jahrhunderten feststellten: Der erste Sinneseindruck steuert unser Verhalten. Die Wahrnehmung geht im Gehirn zunächst in den Thalamus (einen Hauptteil des Zwischenhirns) und wird von dort gleich zum limbischen System (einem Randgebiet zwischen Groß- und Stammhirn) weitergeleitet. Und schon wird in diesem System nach Mustern gesucht, also nach ähnlichen Sinneseindrücken, die es schon kennt. So entsteht aus dem ersten Sinneseindruck, der zunächst ja völlig neutral ist (aha ... da kommt ein

Bär …) eine Emotion: Habe ich schon mal gesehen … Bär frisst Mensch … also her mit der Angst. Ergo gibt es immer zunächst einen völlig neutralen Eindruck, aus dem dann eine Emotion wird: Wut, Trauer, Angst aber auch Glück, Ruhe, Vorfreude. Oft belastet die negative Angst auch das gesamte Leben eines Menschen, wie es beispielsweise in dem Film „Angst essen Seele auf" von Regisseur Rainer Werner Fassbinder dargestellt wurde.

Zurück zu den neurologischen Ursachen der Angst: Dass der erste Sinneseindruck neutral ist, also erst einmal nichts mit der Angst zu tun hat, haben die Buddhisten erkannt. So machen sie sich diesen Prozess zwischen Erkennen und Emotion bewusst. Anschließend stellen sie genau diese erkannten Emotionen in Frage: Also, muss aus dem ersten Eindruck zwangsläufig Angst entstehen? Wenn die Buddhisten nun sehen, dass der Mensch vor bestimmten Situationen keine Angst haben muss, verschwindet auch die Angst. Vor allem dann, wenn die Situation immer und immer wieder erlebt wird.

Die meisten Moderatoren haben sehr großes Lampenfieber, wenn sie zum ersten Mal vor einem

Publikum stehen. Mit der Zeit werden diese Auftritte aber immer angstfreier, weil sie zur Gewohnheit geworden sind. Sie stehen vor einem großen Publikum und haben die Erfahrung gemacht, dass sie auch wieder lebend aus der Situation herauskommen. Gut – ein klitzekleines Lampenfieber wird oft für ein paar Sekunden bleiben. Das hat aber mit anderen Dingen zu tun: Wird die Technik funktionieren? Kommt mein Gesprächspartner? Habe ich alle Fragen und Texte, die nötig sind, um unterhaltsam zu sein? Es ist aber nicht mehr die Angst vor dem Publikum, das sich auf den Moderator stürzen könnte, um ihn in der Luft zu zerreißen.

Die Angst lässt uns auch falsch und oft unsinnig reagieren. In einer Fernsehserie aus den 1970ern, Kung Fu, gab es die Geschichte, dass der junge Mönchsnovize von seinem Meister geprüft werden sollte. Der Meister, es war Master Po, führte den Novizen in eine schwach mit Kerzenlicht beleuchtete Halle. Dort stand ein Kessel von riesigen Ausmaßen. Über dem Rand lag eine hölzerne Planke. „Grashüpfer", sagte Master Po, „bei deiner Prüfung in drei Tagen musst du über diese Planke gehen." Der Novize warf einen scheuen Blick in den Kessel und sah am Boden so etwas wie weiße Knochen liegen. Master Po erklärte: „Die sind von den Novizen, die in den Kessel mit Säure gefallen sind." Der Novize übte drei Tage lang, über eine schmale Planke zu laufen, die auf Steinen aufgestellt war. Das war sein Training für die Kesselprüfung und es klappte sehr gut. Der Tag der Prüfung kam und der Novize setzte vorsichtig einen Fuß nach dem anderen auf die Planke über dem Kessel. Er blickte nach unten, sah die Knochen und seine Knie zitterten. Seine Beine wollten ihm nicht mehr gehorchen und beim nächsten Schritt rutschte er ab und fiel in den Kessel. Er ruderte um sein Leben. Master Po dagegen lachte, denn die vermeintliche Säure war schlicht klares Wasser. Als der Novize schließlich tropfnass vor dem Kessel stand, sagte Master Po: „Grashüpfer, weißt du, warum du in den Kessel gefallen bist? Es waren nicht die Beine, es war deine Angst, die dich fallen ließ."

Es sind meistens die Dinge, die nur in unserer Vorstellung sind, die uns Angst machen.

CHAN, ZEN, SEON – WAS DENN NUN?

Es ist schon merkwürdig, dass der Buddhismus in Korea im 7. Jahrhundert vom Daoismus verdrängt wurde. Es gibt doch viele Gemeinsamkeiten zwischen dem buddhistischen Zen oder Seon wie er in Korea genannt wird. Seon ist eine klare Linie des Mahayana, dem großen Weg im Buddhismus, der die Rettung aller Lebewesen zum Ziel hat und kann vom chinesischen Chan hergeleitet werden. In Japan ist auch das Zeichen für Dō, den Weg, identisch mit dem Schriftzeichen des Dao, das ebenfalls als Weg gesehen wird. Seon hatte es allerdings im Gegensatz zum Zen und dessen Vertretern wie Shunryū Suzuki und Mokudō Taisen Deshimaru schwer, in den Westen zu gelangen. Das vietnamesische Sati-Zen wurde durch seinen Lehrer Thich Nhat Hanh stark in der Welt verbreitet.

Auch im koreanischen Seon gibt es einen großen Vertreter, der versucht hat, die koreanisch gefärbte Zen-Lehre in den Westen zu bringen. Samu Sunim kam 1967 nach Amerika, nach New York. Ein Jahr später gründete er die *Zen Lotus Society*, die später in die *Buddhist Society for Compassionate Wisdom* umbenannt wurde. Durch die Vereinigung wurden später verschiedene Tempel in Kanada und den USA gegründet. Sunim versuchte, die Zen-Lehrer der verschiedensten Richtungen zusammenzubringen, und organisierte 1987 in Nordamerika das erste Treffen der amerikanischen Zen-Lehrer, die sogenannte Konferenz über den Weltbuddhismus. Er starb, für Europa fast unbemerkt, am 6. August 2022 in Toronto, Kanada, im Alter von 81 Jahren. Der *Zen Buddhist Temple* in Toronto wird seine Lehre weitergeben. Wie lange aber wird sie Bestand haben?

Es scheint so zu sein, dass es im Zen, egal welcher Ausrichtung auch immer, die großen stillen Lehrer braucht. Die, die Zen mit allem, was sie sind, leben. Wird es irgendwann auch in Europa einen europäischen großen stillen Zen-Lehrer geben. Die, die jetzt überall erscheinen, wollen das Zen vermarkten. Sie geben Kurse für Führungskräfte, Lebensberatung, ganzheitliche Entspannung und sind oft in ehemaligen christlichen Klöstern besonders achtsam. Ein Business eben. Die Blume des Siddhārtha Gautama wurde einfach kostenlos weitergegeben. Nur so – mit einem Lächeln.

EGO HEISST ICH UND ICH JA MAL ZUERST

Ich will … Ich kann … Ich muss … Ich brauche … Kennen Sie das? Aber können Sie auch erklären wer *Ich* ist? Ja klar, da braucht man doch bloß in seinen Spiegel zu sehen und schon kann *ich mein Ich sehen* und weiß, dass ich Ich bin. Möglicherweise ist der Betrachter aber auch ein wenig geschockt, wenn er ein Foto sieht, das vielleicht die Freundin gerade gemacht hat. Das kann ich doch unmöglich sein. Im Spiegelbild sieht das ganz anders aus. Das wäre aber dann erst einmal ein Indiz dafür, dass der Körper vielleicht nicht das ist, was das Ich ausmacht. Der Körper verändert sich im Lauf des Lebens und doch gehen wir immer davon aus, dass wir im Wesentlichen die gleiche Person sind und bleiben. Das ist schwierig. Wir werden geboren und wachsen auf und sind schließlich erwachsen. Wir können also unmöglich immer die gleiche Person gewesen sein.

Theravada-Buddhisten bekommen oft eine Frage mit auf den Weg, wenn sie im Waldkloster beginnen zu meditieren. Die Frage ist ganz einfach: „Wer bin ich?" Wenn der Meditierende keine Arme oder Beine mehr hätte – rein hypothetisch -, wäre er dann noch er selbst? Der lebende Körper scheint nichts mit dem Ich zu tun zu haben. Der Körper verändert sich, altert und schließlich stirbt er. Die Dinge verändern sich ständig. Nichts bleibt wie es ist. In einer buddhistischen Geschichte heißt es, dass man niemals in denselben Fluss steigen kann, selbst wenn wir immer dieselbe Uferstelle nehmen. Der Fluss macht eben das, was er tun muss: Er fließt und ist ständig ein anderer. Das gilt auch für unser Ich. Es ist zudem nicht unabhängig, auch wenn das viele glauben wollen. Wir atmen, wir essen, wir trinken. Ständig nehmen wir etwas aus der Umwelt in uns auf und sind somit auch mit der Natur verbunden. Es geht nicht ohne. Werden wir uns dessen bewusst, haben wir auch ein anderes Verhältnis zu den Dingen um uns herum. Auch zu den Menschen in unserer Nähe. Wir essen vielleicht nicht dasselbe, aber wir atmen die gleiche Luft, die unsere Lungen gemeinsam durchströmt. Unsere Arbeit, unser Handeln hat Auswirkungen auf alle, wie auch das Handeln und die Arbeit der anderen Auswirkungen auf uns haben. Wir sind ein wenig wie Billardkugeln, die sich gegenseitig stupsen und damit ständig in Bewegung sind. Das kann die einzelne Billardkugel ohne die anderen nicht bewerkstelligen.

Das Selbst unterscheide sich von der Umwelt, heißt es in der Brockhaus Enzyklopädie. In der Psychoanalyse ist das Ich eine innere Instanz der Seele. In der Philosophie fasst der römische Bischof und Kirchenlehrer Augustinus bereits im 5. Jahrhundert das Ich als den beseelten, geistesfähigen Menschen auf, der die Aufgabe hat, sich selbst zu erkennen. Es gibt noch ein paar Ichs mehr: das empirische Ich oder das transzendentale Ich und das absolute Ich.

Bleibt die Frage: Wer bin ich?

WER STRAMPELT, VERZICHTET NICHT

Ein Verzicht bedeutet nicht, umsteigen auf etwas anderes, das etwa gleichwertig ist. Das ist nicht wirklich ein Verzicht, bei dem die fleischige Fleischwurst durch eine vegane Wurst ersetzt wird. Sie muss dann natürlich genauso schmecken wie Fleisch. Dolle Sache. Es geht bei Verzicht auch nicht um Mangel. Das bedeutet, dass auf etwas verzichtet werden muss, weil es nicht vorhanden ist oder ich es mir nicht leisten kann. Dann muss auch verzichtet werden, aber eben aus ganz anderen, aus erzwungenen Gründen. Es geht um die Freiwilligkeit, so wie es beispielsweise der Mönch Thich Nhat Hanh in seiner fünften Achtsamkeitsübung empfiehlt. Durch unseren unachtsamen Umgang mit Konsumgütern entstehe Leiden. Außerdem sei es wichtig „Gifte" zu vermeiden, wie beispielsweise bestimmte Fernsehprogramme, Zeitschriften, Bücher, Filme und Gespräche. Thich Nhat Hanh: „Ich weiß, dass eine bewusste Lebensweise entscheidend ist für meine eigene Veränderung und für die Veränderung der Gesellschaft." Bis die

Gesellschaft sich verändert hat und bewusster lebt, dauert es sicherlich noch lange. Dennoch sollte vielleicht der erste Schritt getan werden und der beginnt bei einem selbst.

Früh aufzustehen, ist auch ein Verzicht auf einen langen Schlaf. Aber der frühe Morgen entschädigt für viele unruhige Träume in den Morgenstunden. Beim Gang zum Auto könnte der Fußgänger kurz darüber nachdenken, ob er für zwei Kilometer zum Autofahrer werden will. Die Vorteile des Gehens sind bekannt. Dieser Verzicht ist noch keine Askese, wie sie schon der Philosoph Friedrich Nietzsche in seiner Streitschrift „Genealogie der Moral" beschrieb. Er hielt Asketen für zutiefst egoistisch und nur auf ihr eigenes Wohl bedacht und daher für unmoralisch. Auch ein Standpunkt. Nun ist natürlich der Verzicht auf das Auto nicht unbedingt asketisch und gehört in London, so der Einwohner zum Radler geworden ist, zu einem Lebensstil. Und zwar sehr oft in der Upperclass. Der Verzicht auf das Auto ist in London tatsächlich ein Gewinn: keine Staus in engen Straßen, gesundes Strampeln und pünktlich zur Arbeit.

Wie heißt es so schön: „Small is beautiful", zum Wohle der Natur. Nein – es geht jetzt nicht um die Naturkatastrophen als Rache der Natur, sondern um Egoismus und den Ausstieg aus dem kapitalistischen Hamsterrad. Die Phrase „Weniger ist mehr" ist zwar schon ziemlich abgedroschen, aber sie bleibt wahr. Der Verzicht wird schließlich zum Gewinn. Weniger sich nach dem zu richten, was „man" machen und haben muss, führt zu Freiheit, zu Ruhe und Gelassenheit im Leben. Alles etwas langsamer angehen lassen. Im japanischen Zen gibt es das *Kinhin*, das selbst Meditation ist, aber zwischen den einzelnen Sitzmeditationen geübt wird. *Kinhin* ist ein äußerst langsames Gehen, bei dem die Füße bedacht aufgesetzt werden, um den Boden wieder zu spüren, und die Schritte mit den Atemzügen zu synchronisieren. Es ist die Aufmerksamkeit, wieder in der Gegenwart zu sein.

Das alleine reicht.

MEHR NICHT: DIE ANMUT DER ARMUT

In einer Hütte aus Bananenblättern oder in einer griechischen Tonne muss der Mensch ja nicht gleich leben. Zumindest die Mietkosten wären natürlich bei diesen Varianten des Wohnraumes überschaubar. Auch die Waldmönche des Theravada-Buddhismus geben sich mit einer ganz einfachen Hütte im Wald zufrieden. Es geht hierbei natürlich um eine selbstgewählte Armut wie die von Siddhārtha in Nordindien und von Franziskus in Mittelitalien. Ja, genau, der junge Mann, der sich vor Gericht auszog, weil er noch nicht einmal die Kleider haben wollte, die sein Vater ihm geschenkt hatte. Beide kamen aus wohlhabendem Hause und konnten mit diesem „Ich-kann-mir-alles-Erlauben" nichts anfangen. Beim Nachdenken über die menschliche Existenz und das Sein kann Reichtum eigentlich nur hinderlich sein. Die beiden Nachdenker haben möglicherweise auch erkannt, dass man Dinge nicht nur besitzt, sondern die Dinge einen selbst auch besitzen. Der Mensch ist nicht mehr frei; er wird zum Sklaven seines Besitzes.

Der Autor Henry David Thoreau zog sich auch in eine Waldhütte in Massachusetts zurück und schrieb „Walden". Der Traum vom einfachen Leben. Er wurde zum Vorbild vieler Aussteiger aus der Gesellschaft.

Eines darf aber nicht vergessen werden: Es ist eine freiwillige Armut. Eine solche Armut kann sehr anmutig sein, wenn sie als buddhistischer Mönch oder buddhistische Nonne daherkommt. Ajahn Brahm, buddhistischer Mönch und Gründer eines Klosters in der Nähe der australischen Stadt Perth, hat diese Erfahrungen in einem thailändischen Kloster gemacht und erklärte immer wieder, dass ein buddhistischer Mönch kein Interesse hat, weltliche Ziele zu erreichen. Warum auch? Wenn wir in unserer Gesellschaft nicht viel Geld zum Leben haben und vielleicht versuchen müssen, mit einer Grundversorgung zurechtzukommen, könnten wir daraus etwas Anmutiges schaffen, statt darunter zu leiden. Eine Möglichkeit wäre beispielsweise, über den Minimalismus nachzudenken. Was brauche ich wirklich? Was von dem, was ich besitze, kann ich verkaufen oder verschenken? Macht es wirklich Sinn, ein Parfüm für mehr als 300 Euro oder ein paar Ohrringe mit

Diamantensplitter für 1.000 Euro zu kaufen? Für wen sollte ich diese Anschaffungen tätigen? Die Anmut liegt in der Einfachheit und nicht im Glitzerglanz eines Weihnachtsbaumes, der lediglich ein paar Tage überlebt.

„Anmut hasst den Zwang", sagte der griechische Philosoph Empedocles. So ist gerade die Freiheit ein großer Bestandteil der Anmut. Auch die Schönheit der Natur und das Einssein mit ihr ist anmutig. In der englischen Philosophie sprachen die Aufklärer im 17. Jahrhundert von der „moralischen Anmut." Ein einfaches Leben kann daher durchaus anmutig sein. Es kommt auf die innere Einstellung zum Leben an, die sich keinesfalls am Äußeren der Welt orientiert. Es ist nicht wichtig, ob der Nachbar einen Aufsitzrasenmäher für 100 Quadratmeter Garten hat oder einen SUV fährt. Das ist in der Wirklichkeit der Welt bedeutungslos.

„Not always so", sagte der japanische Zen-Mönch Shunryū Suzuki und lächelte. Wir würden sagen: Nichts bleibt wie es ist, weder Freude noch Leid.

WAS SAGT DER SCHNEEMANN DAZU?

„Mit einem Ende | lehnt an die Berge sich dort | der Strom des Himmels", schrieb der japanische Dichter Shiki. Er modernisierte im vorigen Jahrhundert die alte Kunst der Haiku-Dichtung. Der Aufbau der kleinen japanischen Gedichte erfolgt ist immer in einer Staffelung von 5-7-5 Silben. Was außerdem nicht fehlen darf ist ein Kigo, ein Wort, das in irgendeiner Form die Jahreszeit angibt. So die strengen Regeln des Haiku. Das kann auch gerne ein wenig verklausuliert sein wie in dem Gedicht von Shiki. Der *Strom des Himmels* lehnt sich dort an … Das geht natürlich nur, wenn das Wasser gefroren ist. Sonst klappt das mit dem Anlehnen nicht und schon erkennen wir, dass wir es mit dem Winter zu tun haben und der *Strom des Himmels* ist der Kreislauf der Natur, der Kreislauf des Wassers. Aus der Wolke fällt das Wasser, es tränkt die Erde mit ihren Pflanzen. Wir ernähren uns von den Pflanzen und trinken ein Tässchen Tee. Das Wasser verdunstet und wird zur Wolke. Eigentlich sind die Gedichte auch immer eine Meditation bei der

Betrachtung der Natur und von uns selbst, die wir nichts anderes sind als ein Bestandteil der Natur und nicht von ihr getrennt oder verschieden.

BASHŌS ZEN-WEG DER POESIE: KADO

Einer der bekanntesten Vertreter der Zen-Meditation in der Poesie des Haiku ist Matsuo Bashō. Er lebte im 17. Jahrhundert in einer Hütte aus Bananenblättern, die ab und zu auch schon mal verkokelte. In der Hütte meditierte und dichtete er. Für ihn war die Poesie ein eigener Lebensstil des Zen geworden, der *Kado*, ein Begriff, der heute für alles Mögliche verwendet wird – vom digitalen Management bis tatsächlich hin zur Kosmetik: „Erlange Erleuchtung, dann kehre zurück in die Welt der normalen Menschlichkeit", sagte Bashō. Er war offenbar davon überzeugt, dass es für die Erleuchtung nicht unbedingt einen Meister brauche. Man solle nicht in den Fußstapfen der alten Meister herumlaufen, sondern einfach das suchen, was auch sie suchten. Ähnliches ist auch die Essenz von Hermann Hesses Roman „Siddhārtha."

Es ist sicherlich auch kein Zufall, dass gerade die Haiku von Bashō etwas Mystisches, etwas Rätselhaftes haben. Basho war Zen-Praktizierender und so sind seine Haiku vielleicht als Koan zu sehen. Nach der letzten gelesenen Silbe bleibt etwas zurück, das enträtselt werden muss. Sie sind wie kleine Schlüssel zum Wesen der Welt. Sie wirken in uns dreidimensional. Der tibetische Buddhismus kennt die Mandalas, die Zeichnungen oder Sandbilder, die zunächst zweidimensional sind. In der Meditation werden sie zu Tempeln, in denen sich der Meditierende bewegen kann. Das Gleiche schafft Bashō mit seinen Zeilen, die uns hindurchschreiten lassen.

Ein Schulfreund des japanischen Dichters und Essayisten Masaoka Shiki war der später in der Meiji-Zeit berühmte Schriftsteller Soseki Natsume, der von Shiki erst auf das Schreiben gebracht wurde. Er dichtete:

Was ist deine

ursprüngliche Natur,

Schneemann?

SANGHA FRIENDS AROUND YOU …

Ja oder Nein, Null oder Eins, daraus besteht mittlerweile ein Großteil unserer Welt. Sie ist digital geworden und die Welt durchdringt ein Netz von Verbindungen von Server zu Server, an denen wir wiederum mit unseren Endgeräten hängen. Wer aber beispielsweise das Zen-Center Tassajara in Kalifornien besucht, hat keine Chance mehr mit seinem Endgerät, sei es nun Tablet oder Smartphone, sich in dieses Netz einzuklinken. Möglicherweise wird der eine oder andere dabei nervös. Was ist mit meinen E-Mails und wie soll ich an Informationen kommen, die ich absolut dringend brauche? Sehr dringend! Überhaupt … quasi lebenswichtig. Keine Chance. Die Besucher in Tassajara sind nur noch mit sich selbst und der Wildnis um sie herum konfrontiert und das ist für einen Menschen schon seit Urzeiten existenziell.

Es ist schon etwas her, seit der evangelische Kirchentag in Dresden (2011) stattfand. Im Vorfeld gab es bei den Organisatoren eine große Diskussion, ob ein Segen digital gespendet werden könne. Auf einer der elf Bühnen des Kirchentages sollte nämlich ein großer Bildschirm aufgebaut werden und ein Pfarrer als Avatar auftreten. Die Kirche wollte sich auf der Höhe der Zeit zeigen. Dieser Avatar, so war nun geplant, sollte den Kirchentagsbesuchern einen Segen spenden. Die Organisatoren dieser speziellen Bühne wurden sich nicht so recht darüber einig, ob der Avatar dazu in der Lage ist. Ein Pfarrer, der ebenfalls zu den Organisatoren gehörte, war fest davon überzeugt, dass das natürlich gehe. Offenbar ist das auch bei der katholischen Kirche kein Problem. Der päpstliche Segen „Urbi et Orbi" soll mittlerweile nicht mehr nur dann wirken, wenn der Gläubige ganz persönlich und selbst vor der Loggia des Petersdomes steht, sondern auch im Live-Stream.

Wie wäre das beim historischen Siddhārtha gewesen? Nachdem er unter seinem Baum zu einer Erkenntnis gekommen war, kamen andere Asketen und sagten: „Unterrichte uns bitte." Siddhārtha, so die Überlieferung, hielt eine Blume hoch und einer der Anwesenden lächelte. Siddhārtha sah ihn und sagte: „Du hast die Lehre verstanden." Jetzt stellen wir uns die Situation im Live-Stream vor. Wie hätte

Siddhārtha denjenigen sehen können, der lächelte? Selbst bei Zoom, bei all den Kacheln mit Menschen auf dem Bildschirm … Wo ist denn der, der lächelte? Wohin ist denn da die Magie des Augenblicks? Die Stille zuvor, in der das Rauschen der Blätter, das Zwitschern der Vögel und Zirpen der Grillen zu hören war? Bei Zoom oder Webex gibt es kein gemeinsames Eintauchen eines jeden Einzelnen in die Natur und die starke Empfindung, nun ein Teil des gemeinsamen Augenblicks zu sein.

In einer geführten Meditation vom buddhistischen Mönch Thich Nhat Hanh heißt es gegen Ende: „Feel the energy of sangha friends around you …" Ja – das geht wunderbar, wenn ich in einer Gruppe sitze, aber das funktioniert wohl kaum, wenn ich alleine auf einem Kissen sitze und einen Bildschirm vor mir habe, in dem andere Teilnehmer zu sehen sind, die ebenfalls meditieren. Ich kann es schön finden, dass da auch andere Menschen zu der Zeit das Gleiche tun wie ich und das führt zu einem guten Gefühl. Aber die Energie kann ich mir eher nur einbilden.

Bei einem speziellen UN-Training für Ärzte, Hilfskräfte und Journalisten, die in ein Kriegsgebiet einreisen wollen, lässt die UN sie genau diese Energie spüren. Unter anderem wird eine Entführung durch Terroristen simuliert. Die Entführten bekommen die Augen verbunden oder auch einen Sack über den Kopf. Sie sind gefesselt, orientierungslos. Im Laufe der Stunden wird aus der Simulation eine echte Empfindung der Angst. Sie fühlen sich ausgeliefert. Aber genau in dieser Situation fokussieren die Entführten ihre Aufmerksamkeit auf Geräusche in der Nähe. Sie werden zudem so sensibilisiert, dass sie andere Entführte spüren können. Sie fühlen die Energie der Gruppe. Das lässt sie in der Situation überleben. Digital wäre das wohl kaum möglich. Das ist das, was der Meditierende in einer Gruppe empfindet. Es ist die Nähe, die Energie der anderen, die zu spüren ist, wenn alle in einem Raum sitzen und gemeinsam meditieren.

Wir Menschen sind dazu jederzeit noch fähig, auch ohne digitales Endgerät.

STEHT DA AUCH ZEN-MEISTER DRAUF?

„Alle meine Fragen sind an mich selbst gerichtet. Meine Aufgabe als Abt ist es nicht, die Antworten für andere zu geben, sondern die anderen zu der Erkenntnis zu führen, ihre eigenen Fragen stellen zu müssen, Fragen leben und beantworten zu müssen", sagte der ehemalige Abt des japanischen Klosters Antaji, Muho Nölke. Er wollte aufzeigen, wie Zen-Schüler einen richtigen Zen-Meister erkennen. Es ist nicht der, der sich Zen-Meister nennt, sondern der, der von anderen so genannt wird. Bleibt hier die Frage: Was ist überhaupt ein Zen-Meister? Es ist ein relativ junger Begriff aus der ersten Hälfte des 20. Jahrhunderts. Eigentlich gibt es ihn im Japanischen gar nicht. Das kommt einem jetzt wahrscheinlich komisch vor, aber ein Meister wäre doch jemand, der tatsächlich ausgelernt hat. Da taucht auch gleich eine neue Frage auf: Kann der Praktizierende im Zen überhaupt auslernen? Die Japaner kennen die Bezeichnung *Roshi* für einen Lehrer und *Osho* für Tempelvorsteher. Meister würden sie sich aber schon aus Bescheidenheit nicht nennen. Sie sind

Lehrer und geben ihre Erfahrung weiter. Sie können aber nicht die Erkenntnis weitergeben. Denn die muss jeder selbst erfahren, genauso wie Siddhārtha es unter dem Bodhi-Baum tat. Der Zen-Meister ist in den Tempeln sozusagen der Supervisor für die Mönche. In dem Sinne würde wohl eher der japanische Begriff *Sensei*, einfach „Lehrer", passen.

Shunryū Suzuki, der Gründer des ersten Zen-Klosters außerhalb Asiens, das *Tassajara Zen Mountain Center* in der Nähe von San Francisco, sprach immer davon, dass es wichtig sei, immer wie ein Anfänger Zen zu praktizieren. Niemals zu akzeptieren, was andere als Wahrheit ausgeben. Er sagte: „Eine Vorstellung von Wahrheit zu akzeptieren, ohne sie zu erleben, ist wie ein Gemälde eines Kuchens auf Papier, den man nicht essen kann." Das erinnert ein wenig an den belgischen Surrealisten René Magritte – ja, der mit der Melone und mit seinem Gemälde einer Pfeife. Darin steht gleich die Antwort darauf, was es ist: *Ceci n'est pas une pipe*. Das Bild einer Pfeife ist eben keine Pfeife. Klingt so, als habe Magritte Zen praktiziert.

Wo wir gerade bei Künstlern sind: Der niederländische Zeichner Frenk Meeuwsen war fasziniert von der japanischen Zen-Kultur. Japan wurde für ihn zu einem Sehnsuchtsort, um sich selbst zu finden. Er zeichnete eine Graphic Novel über seine Suche nach sich selbst. Er schrieb: „Dem Gründer der Soto-Schule [Anm. *Dogen Zenji*] zufolge reichte die Meditation im Sitzen aus. Er war der Meinung, dass man die ‚Erleuchtung' nicht bewusst zu erstreben brauchte. Sich einfach nur hinzusetzen mit vollster Aufmerksamkeit war mehr als genug."

Keiner kann sich selbst als Zen-Meister bezeichnen. Er kann von anderen als Lehrer angesehen und vielleicht als Meister bezeichnet werden aus einer Haltung des Respekts heraus. Wichtig ist aber, immer zu hören, was jemand sagt und ob er danach handelt. Der Autor Frank Meeuwsen sagt dazu: „Es ist nicht wichtig, was man tut, sondern wie man es tut."

Wenn Zen-Meister draufsteht, muss nicht zwangsläufig auch Zen-Meister drin sein.

ES DREHT SICH UM RUMI

Wir denken so oft: Das mache ich morgen, aber spätestens nächste Woche. Wenn ich erst einmal in Rente bin, dann mache ich die große Weltreise, fange an zu malen oder lerne Gitarre spielen. Wir haben ja Zeit. Das ganze Leben scheint noch vor uns zu liegen. In Wirklichkeit ist es eine Illusion, dass alles dauert. Letzte Woche ist schon in Vergessenheit geraten, die Schulzeit sowieso und können wir uns noch ganz detailliert an den gestrigen Tag erinnern? Alles ist vorbei. Die Tage vergehen, als hätte es sie nie gegeben. „Die Erfahrungen steigen Tag und Nacht aus der Leerheit auf", dichtete der persische Sufi und Mystiker *Rumi* im 13. Jahrhundert. Auch Zen-Meister Shunryū Suzuki – „… der kleinere Suzuki", wie er schmunzelnd sagte, weil er immer wieder mit dem anderen Zen-Meister Daisetsu Teitaro Suzuki verwechselt wurde – fasste die unausweichliche Vergänglichkeit von allem in einem ganz schlichten Satz zusammen: „Nicht immer so." Wir können die Dinge nicht festhalten. Auch wenn der eine oder andere denkt, sein SUV halte ewig. Ein kleines Gedankenexperiment hilft da vielleicht: Wir stellen uns die Welt in hundert Jahren vor. Gibt es dann noch meinen SUV? Gibt es überhaupt noch diese tonnenschweren SUVs? Sie sind bedeutungslos. Es kommt letztendlich immer auf die Sichtweise an. „Wenn du in den Garten gehst, siehst du die Blumen an oder die Dornen? Nimm dir mehr Zeit für Rosen und Jasmin", schrieb der Dichter Rumi. Das erinnert an eine buddhistische Geschichte der Gegenwart. Der buddhistische Mönch Ajahn Brahm war auf Einladung der *Buddhist Society of Western Australia* nach Perth gekommen. Dort sollte er zunächst einmal lehren. Dann erhielt er ein großes Gelände im Süden von Perth und wollte dort ein Kloster bauen. Es gab aber kein Gebäude, weder eine Toilette noch einen Raum zum Schlafen. So begann er nicht als Mönch, sondern schlicht als Maurer auf dem Gelände. Eine andere Chance hatte er nicht. Getreu dem Motto: Selbst ist der Bhikkhu! Gesagt, getan und hurtig Stein auf Stein gemauert. Später führte er Touristen durch das neue Klosterareal mit seinen gemauerten Häusern. Dabei entschuldigte er sich immer wieder für die wenigen Steine, die nicht ganz richtig gemauert waren. Sie saßen nicht in Reih und Glied und lugten aus der Mauer. Bis einmal ein Tourist sagte: „Sie müssen sich doch nicht entschuldigen. Sehen Sie nicht die 1.000 Ziegel, die perfekt gemauert sind?"

Siehst du die Dornen oder die Blumen?

NICHT DEN BUDDHA BELÄSTIGEN

Würde ich doch nie tun. Oder vielleicht manchmal doch und mir fällt es nicht auf? Jedenfalls würde ich nicht rücksichtslos sein. Dazu muss der Mensch aber immer achtsam sein, sich immer dessen bewusst sein, was er gerade tut und vor allem auch wie. Haben Sie zu viel eingekauft, stellen Sie vielleicht nach zwei Wochen fest, dass der Eisbergsalat ganz nach hinten im Eisschrank gerutscht war. Und – schwupps – schon war er vergessen. Irgendwann taucht er dann hinter der gestapelten Margarine auf, sieht alles andere als appetitlich aus und wird in den Biomüllsack geworfen. Bestenfalls. In Japan würde ein solches Verhalten sehr bedauert. Der japanische Begriff dafür ist *Mottainai*.

Oh, was für eine Verschwendung: *Mottainai*! Das würde Siddhārtha überhaupt nicht gefallen, denn das ist auch eine Verschwendung der Natur. Die Sonne gab ihre Energie, damit der Salatkopf gut wachsen konnte, die Erde gab ihre Nährstoffe und der Regen sorgte dafür, dass die Pflanze nicht verdurstete. Ein langer Prozess, an dem auch der Bauer mit seiner Sorgfalt und Arbeit beteiligt war. Und was machen wir? Wir stopfen den Salat in die hinterste Ecke des Kühlschranks und vergessen ihn: *Mottainai.* Der Begriff bedeutet aber auch die grundsätzliche Verschwendung von Zeit oder Dingen. Laut dem japanischen Wörterbuch Kojien, das vergleichbar ist dem Duden im Deutschen, ist es auch das Bedauern über eine Verschwendung und dass der Mensch rücksichtslos war. Schließlich ist alles, so Siddhārtha, miteinander verbunden. Nichts existiert für sich alleine. Eine kleine Welle in der aufgewühlten Nordsee könnte beispielsweise denken (vorausgesetzt sie denkt), dass sie eine ganz tolle Welle ist, so wie keine andere. Aber sie hat eben kein Selbst, denn sie ist einfach ein Teil der Nordsee, sozusagen eine lange Beule, aber nicht von der Nordsee getrennt. Das merkt sie spätestens dann, wenn sie versucht auf den Strand zu wandern.

Sprachwissenschaftler vermuten, dass der Begriff *Mottainai* mit dem Buddhismus, genauer dem Zen verbunden ist. In der Tokugawa-Zeit, ab dem 17. Jahrhundert bis ins 18. Jahrhundert, wurde es eng auf den japanischen Inseln. Die Städte hatten regen Zulauf und in der Hauptstadt Edo wuselten mehr als eine Million Einwohner. Handwerker spezialisierten sich auf die Reparatur und Wiederverwertung kaputter Gegenstände. Selbst Papier wurde schon recycelt. So war der Ausdruck *Mottainai* in dieser Zeit durchaus schon gebräuchlich. Andere Quellen berichten darüber, dass der Begriff viel älter und während des Genpei-Krieges im 12. Jahrhundert aufgekommen sei. Wie auch immer. Alles ist eben miteinander verbunden und einen Salat wegzuschmeißen, ist eben auch eine Belästigung Buddhas. Wir sind nicht dankbar für das, was wir im Leben haben. Im 21. Jahrhundert hat sich der Begriff *Mottainai* in der japanischen Umweltschutzbewegung etabliert. Es sind die alten Werte der Tokugawa-Zeit, die Wertschätzung und Achtsamkeit im Umgang mit den Dingen und der Natur, in der wir leben. Sie wieder aufleben zu lassen, ist sicherlich keine Verschwendung.

NUR NICHT VERSCHUSSELN

Der Gleichmut findet in der großen Brockhaus Enzyklopädie nicht statt. Er müsste eigentlich in Band 8 *Fru-Gos* zu finden sein. Da fragt sich der Wissensdurstige doch gleich mal mutig: Warum nicht? Im Japanischen, so habe ich es im Online-Übersetzerprogramm gelesen, wird Gleichmut mit *Shizuka* für ruhig gleichgesetzt. Und – schon sind wir bei *Shikantaza* von Dogen Zenji (zugegeben, das ist ein kleiner Gedankensprung), der die Gleichmut als *„einfach nur sitzen"*, einfach im Zustand von hellwacher, gedankenfreier Aufmerksamkeit sein, beschreibt. Ich hätte nicht anfangen sollen, über das schöne deutsche Wort Gleichmut nachzudenken. Für den Duden ist es ein ruhiger, leidenschaftsloser Gemütszustand. Und voilà, wir landen bei einem buddhistischen Grundprinzip des mittleren Weges.

Von den Boatpeople in Vietnam erzählte der buddhistische Zen-Mönch Thich Nhat Hanh, der während des Vietnamkrieges humanistische Hilfe leistete und dadurch schließlich im eigenen Land zur persona non grata erklärt wurde. Die Boote, mit denen die Menschen über das Meer vor dem Krieg flüchteten, waren meistens ungeeignet, überladen und konnten kaum größeren Wellen standhalten. Wenn Sturm aufkam, brach Panik aus. „Wenn aber nur ein Mensch in dem Boot ruhig blieb, so wirkte sich das auf die ganze Besatzung aus und es brach keine Panik aus", erzählte der Zen-Mönch. Nur ein Mensch musste ruhig sein und Gleichmut in der Situation zeigen. Das wirkte sich auf alle anderen aus. Die Situation blieb gefährlich, aber es war möglich, überlegt und ohne Panik das Boot zu steuern. Das war lebensrettend und somit zeigt Gleichmut auch Engagement und bedeutet keinesfalls Gleichgültigkeit.

Einer der bekanntesten gleichmütigen Menschen in der Welt ist sicherlich der tibetische Mönch Tenzin Gyatso, besser bekannt unter seinem Titel „Dalai Lama", der seit 1959 im Exil in Dharamsala, Nordindien, lebt. Er sagt zwar immer, dass er nur ein einfacher Mönch sei, aber mal ehrlich, davon ist er doch weit entfernt, sonst würde er doch nicht ständig und überall eingeladen werden. Dazu braucht es in Dharamsala auch Assistenten, die sich um alles kümmern, wenn der Chef mal nicht da ist, oder die sich auch um die Planung für die nächste Reise kümmern. In der Dokumentation „Der letzte Dalai Lama" von Regisseur Mickey Lemle wurde er mal gefragt, ob es denn nichts gäbe, was ihn aus der Ruhe brächte? Der Dalai Lama zog die Stirn kraus, der Mund wurde etwas verkniffen und er stieß ein laut vernehmliches „Hmmm..." aus. Er sah in die Kamera und bestätigte, dass er sich auch mal ärgere, wenn ein Mitarbeiter etwas verschusselt oder nicht korrekt gemacht habe. „Ich rege mich schnell auf, wenn etwas schiefgeht. Meine erste Reaktion ... Oh, Mist!", setzte er hinzu. Dann hellte sich sein Gesicht auf und er lachte: „Das hält aber nicht lange, danach bin ich wieder schnell gut gelaunt." Auch der Dalai Lama ist ein Mensch und die Gleichmut ist mal futsch! Aber der Kern der Geschichte ist doch, dass er nicht nachtragend ist und gleich wieder gut gelaunt. Das gehört zum Gleichmut.

SWAMI ODER NICHT?

… das ist hier die Frage… Er hätte sich wahrscheinlich gerne Swami genannt, vermute ich jedenfalls, aber das durfte er nicht, da er keine hinduistische Mönchsweihe erhalten hatte. Das hinderte Maharishi Mahesh Yogi aber nicht daran, gleich eine ganze Bewegung in den 60er Jahren zu initiieren: die *Transzendentale Meditation*, kurz TM. Nun ja – eigentlich ist Swami ein Begriff aus dem Sanskrit und bedeutet Meister oder auch Herr. Ein anderer Inder, der Guru Osho, hatte damit nicht viele Probleme, denn er nannte alle männlichen Jünger „Swami", orange gewandet und mit Mala versehen, die an der Perlenkette sein Konterfei trugen. Das wirft die Frage auf, ob man denn unbedingt von einem Abt, einem Oberpriester, einem Guru oder sonst einem religiösen Führer als spiritueller Mensch anerkannt und betitelt werden muss?

Auch Siddhārtha kam aus der vedischen, der Yogi-Tradition. Dennoch gab er sich nie einen Titel oder bekam ihn von anderen. Warum auch? Das wäre doch bloß wieder eine dualistische Einstufung gewesen und seiner Erkenntnis nach gibt es den Dualismus nicht. Ein Baum ist ein Baum, eine Blume wächst ohne Absicht. Wer die Meditation praktiziert, tut dies absichtslos wie eine Blume. Siddhārtha wurde Buddha genannt. Diesen Titel bekam er aber nicht von einem „Oberbuddha".

Maharishi Mahesh Yogi wurde eigentlich durch die englische Band „The Beatles" populär. Sie wollten die Transzendentale Meditation so richtig lernen und flogen immer wieder nach Rishikesh, Indien. Dort wohnte Maharishi auf einem Hügel und blickte über die Stadt und den Fluss Ganges. Aber irgendwann kam das Gerücht auf, Maharishi habe die Schauspielerin Mia Farrow sexuell belästigt, die zu der Zeit, 1968, ebenfalls in Rishikesh war. Die Beatles reisten ab.

John Lennon schrieb sich die Geschichte mit dem Song *„Sexy Sadie"* von der Seele. Erst im Jahr 2014 veröffentlichte die IMDb, *die Internet Movie Database*, einen Auszug aus einem Artikel der RealBollywood, in dem Mia Farrow Maharishi Mahesh Yogi beschuldigt, sie belästigt zu haben.

Solche sexuellen Übergriffe zwischen religiösen Lehrern, wie sie sich auch bezeichnen mögen, scheinen immer wieder vorzukommen. Aber darauf will ich eigentlich nicht weiter eingehen. Es geht mir darum, ob ein großer spiritueller Mensch unbedingt die offizielle Anerkennung eines anderen großen spirituellen Menschen braucht, der wiederum von einem anderen spirituellen Menschen als was auch immer betitelt wurde. Nur um nachher sagen zu können, dass man bei dem „Großen erhabenen Mumpf" selbst gelernt habe. Siddhārtha brauchte das nicht. Er hat verschiedene yogische Wege ausprobiert und ist zu einer Erkenntnis gekommen und weil er die für richtig und gut befand, hat er sie kostenlos weitererzählt. Das müsste doch eigentlich reichen. Jeder kann dann selbst die Erfahrung machen, verschiedene Wege ausprobieren und sich schließlich entscheiden.

Gibt es nur einen Pfad, der zum Gipfel des Berges führt?

AUFMERKSAME WUT

Wut ist ein starkes Gefühl. Man will es nicht haben. Auch nicht als heilige Wut, die einen bei einer Ungerechtigkeit gegenüber den Menschen oder der Natur überkommt. Ist es möglich, der Wut mit Aufmerksamkeit zu begegnen oder überlagert sie einfach alles und lässt einen bewussten Umgang gar nicht zu?

Vielleicht muss ich mich fragen, ob ich besonders verletzlich bin oder ich habe Dinge in der Vergangenheit erlebt, die ich nie mehr wieder will und gerade deshalb werde ich in bestimmten Situationen wütend. Hier spielt das limbische System in unserem Gehirn eine Rolle. Es ist zuständig für unsere Verhaltensmuster. Das System ordnet die Bilder und Gefühle ein und lässt uns dann reagieren, entsprechend einer gelernten Abfolge. Das führt vielleicht auch zu mehr Selbstbewusstsein: „Das will ich nicht, verdammt nochmal!" Unbewusste Wut führt allerdings oft zu Verletzungen bei anderen Menschen, was wir eigentlich nicht wollen oder später bereuen. Wir unterdrücken auch manchmal die Wut, um später nichts zu bereuen.

Also – Wut per se muss nicht schlecht sein. Es ist eine extrem starke Emotion wie auch die Liebe. Es gehört einfach zu unserem Menschsein. Wut zeigt auch immer, dass wir etwas ändern müssen. Wenn wir uns beispielsweise nicht mehr in den Garten setzen können, weil der Nachbar ständig mit dem Rasenmäher, der Motorheckenschere oder dem motorisierten Rasenkantenschneider unterwegs ist, macht uns das auf Dauer wütend. Auch wenn immer rund zwanzig Kinder beim Nachbarn spielen und dadurch eine Geräuschkulisse wie in einem Freibad im August entsteht, kann das wütend machen.

Wir können aber dann auch regieren, statt zu erleiden. Wir könnten zu dem Nachbarn gehen (vielleicht mit einem Stück Kuchen) oder ihn fragen, wann der nächste Kindergeburtstag geplant ist, damit wir dann auch einen Ausflug planen, um uns der Geräuschkulisse zu entziehen. Kinder toben nun mal schreiend vor lauter Lebensfreude, aber vielleicht befinde ich mich gerade in einem anderen Lebensabschnitt, der sich nach Ruhe sehnt. Vielleicht müssen wir auf Dauer einfach in eine andere, ruhigere Gegend ziehen, wenn wir die Umstände sonst nicht beeinflussen können. Wichtig ist es, Lösungen zu finden, statt ständig wütend zu sein.

Der indische Mönch Shantideva hatte im 8. Jahrhundert ein Rezept dazu. Er schrieb, wie es damals halt so üblich war, ein Gedicht darüber:

„Wenn der Drang im Kopf aufkommt zu Gefühlen der Begierde oder zornigem Hass, handele nicht! Sei still, sprich nicht! Und sei wie ein Algorithmus. Wenn der Geist wild vor Spott ist und voller Stolz und hochmütiger Arroganz, und wenn Du die verborgenen Fehler anderer zeigen willst, alte Meinungsverschiedenheiten wiederbeleben oder betrügerisch handeln willst … Es ist dann so, dass Du wie ein vordefinierter Algorithmus, wie die Abfolge eines Verhaltensmusters funktionieren solltest."

Das Gedicht wurde inhaltlich ein wenig in die heutige Zeit übertragen. Shantideva hätte wohl eher von einem höfischen Protokoll gesprochen als von einem Algorithmus. Kommt aber auf das Gleiche hinaus. Kurz gesagt: Kommt die Wut auf, legen Sie eine Pause ein und atmen Sie ein und aus, bevor Sie reagieren. Dadurch können wir die Gedanken beruhigen und die Dinge vielleicht klarer sehen.

Ich weiß, das ist einfacher gesagt als getan. Aber wie heißt es so schön: Übung macht den Meister.

SIDDHĀRTHA UND PACHAMAMA

Alle Themen, die uns jetzt weltweit beschäftigen und deren Auswirkungen unser Leben bedrohen, müssten nicht sein. Es gibt ein Rezept für ein friedvolles Leben in der Welt wie beispielsweise „conscious living" – das bewusste Leben in jedem Moment, wie es im Buddhismus praktiziert wird. Es ist doch schön, dass es alles schon gibt und wir müssen es nur umsetzen. Warum fällt das so schwer? Das Königreich Bhutan ist da ein Vorreiter, weil es in seiner Verfassung tatsächlich das „Recht auf Glück" für jeden Bhutanesen festschrieb. Politisch folgt es eigentlich dem demokratischen System Großbritanniens mit einer konstitutionellen Monarchie. Zurück zum Glück.

Es gibt auch noch andere Staaten in der Welt, die sich über das, was uns als Mensch ausmacht, Gedanken gemacht haben. Es sind zwei Länder, die nicht immer im Fokus stehen, schon gar nicht, wenn es um das Glück der indigenen Bevölkerung geht. Ecuador hat sich 2008 neue Verfassungen gegeben und darin „Buen Vivir" verankert. Der

Nachbarstaat Bolivien schloss sich an. „Buen Vivir" bedeutet das Recht auf gutes Leben. Gleichzeitig wurden dabei die Rechte der Natur festgeschrieben. Auch das Glück als Recht eines jeden Einwohners wird, nach dem Vorbild Bhutans, diskutiert. Die Natur hat ein Recht auf Existenz und kann und soll nicht länger ausgebeutet werden. In Ecuadors neuer Verfassung wird in Artikel 275 unter anderem ausgeführt, dass die Verantwortlichen mit Respekt handeln und ein „harmonisches Zusammenleben mit der Natur ausüben." Es wird bewusst versucht, sich vom abendländischen Konzept des Wohlstandes abzuheben. Buen Vivir will nicht „mehr haben" und immer mehr Wachstum fördern, sondern einen Gleichgewichtszustand herstellen.

Bolivien beruft sich dabei auf „Pachamama". In der neuen Verfassung wurde in Artikel 8 der Gedanke Pachamamas eingeführt. „Pacha" – Zeit und Raum in der Gesamtheit des Seins und „Mama" als Mutter allen Seins und der Welt. Begriffe aus den Sprachen der indigenen Bevölkerung der Anden. Der Staat Bolivien fördert nun die ethischen Prinzipien in seiner Gesellschaft. So beispielsweise:

„amaqhilla, ama lulla, und ama suwa " – sei nicht faul, sei nicht lügnerisch und sei kein Dieb. Ganz wichtig auch „Tierra sin mal" – Erde ohne Böses oder anders: die intakte Umwelt. Dazu folge dem „camino o vida noble" – dem Weg der Weisheit. Alles Gedanken, die auch der Buddhismus verfolgt. Wir haben überall auf der Welt diese weisen Wege, sie müssen nicht erst neu gedacht werden. Die Menschen müssten nur die neuen/alten Wege beschreiten. Es sind Wege, die teilweise steinig sind und unter den Füßen weh tun. Mit jedem Schritt wird das Leben aber ein wenig angenehmer und wir glücklicher.

NICHT ANHALTEN

Während Sie diesen Satz lesen, passiert etwas völlig Faszinierendes, das Sie leben lässt. Jetzt fragen Sie sich sicher, was das denn sein soll? Und die Frage allein zeigt schon etwas Unbewusstes in Ihrem Leben: Sie atmen! Würden Sie das nicht tun, könnten Sie natürlich auch nicht diesen Text lesen, denn Sie wären tot. Es ist etwas so Elementares, dass es eigentlich verwundert, dass wir uns des Atmens die meiste Zeit des Tages nicht bewusst sind. Erst dann, wenn der Mensch sich ärgert, er wütend ist oder Angst hat, atmet er heftig. Wenn wir uns entspannen, wird unser Atem tief, ruhig und gleichmäßig. Also hat der Atem sehr viel mit unseren Emotionen zu tun.

Machen wir uns doch das Atmen bewusst. Denn wer atmet, der lebt. Setzen wir uns hin und atmen. Der Atem wird immer ruhiger, gleichmäßiger. Rückschluss: Durch bewusstes Atmen können wir unsere Emotionen beeinflussen. Körper und Geist bilden durch den Atem eine Einheit. Das ist auch leicht beim Laufen zu merken. Je schneller ich laufe, umso schneller geht auch mein Atem. Der Körper und die Muskeln brauchen einfach mehr Sauerstoff unter Belastung. Geübte Läufer versuchen ihren Atemrhythmus zu finden, um lange und ausdauernd laufen zu können. Hierbei ist auch zu erkennen, dass die Atmung tatsächlich über das Gehirn und zu einem Teil über das Rückenmark gesteuert wird. So gibt es eine direkte Rückkopplung auf das Gehirn durch das bewusste Atmen. Es ist ein wenig so wie beim Lächeln. Wenn wir bewusst lächeln, führt das zur Entspannung der Gesichtsmuskulatur und damit auch zur allgemeinen Entspannung, obwohl es vielleicht gerade in diesem Moment nun wirklich nichts zu lächeln gibt. Körper und Geist sind wie ein Blatt Papier: Die Vorderseite kann nicht ohne die Rückseite existieren. So lehrte der vietnamesische Zen-Meister Thích Nhất Hạnh, sich bei der Meditation nicht nur des Ein- und Ausatmens vollkommen bewusst zu sein, sondern dabei auch noch zu lächeln. Quasi doppelt gemoppelt auf dem Weg zur Entspannung.

Atmen ist auch eine starke Verbundenheit mit allem, was uns umgibt. Egal ob Tier, Pflanze oder Mensch – wir atmen alle dieselbe Luft. Diese Luft durchströmt alle Lebewesen. Die Pflanzen nehmen die verbrauchte Luft auf und geben uns wieder frische zurück.

Ein wirklich tolles System oder?

NIWAKI ODER DAS BILD DER NATUR

Welche Beziehung haben wir zur Natur? Eine Frage, bei der viele gähnen, sobald sie gestellt wird. Nee – nee – nicht schon wieder. Nein, aber mal ganz im Ernst. Begreifen wir uns als Teil der Natur oder sehen wir uns außerhalb der Natur? Die japanischen Niwaki, übersetzt heißt es eigentlich nichts anderes als Gartenbäume, können eine Brücke schaffen zwischen dem Menschen (falls er denn wirklich außerhalb steht) und der Natur. Niwaki sind beschnittene Bäume in den japanischen Gärten. Aber es ist nicht immer nur einfach eine immergrüne, gekappte Thuja. Der Gärtner zeigt mit dem Schnitt den Charakter des Baumes und damit auch der Natur. Er respektiert, dass es sich bei dem Baum um ein lebendes Wesen handelt und drängt ihm nicht seinen Geschmack auf. Er zeigt den Baum lediglich wie er ist. Ein japanischer Garten steht mit seiner Ästhetik nicht für sich alleine, sondern ist mit seiner Umgebung verwoben.

Shintō – der Glaube an die Götter in der Natur, die Kami – bildet das Grundgerüst bei der Vorstellung der Japaner von Natur. Besonders große und alte Bäume werden als heilig angesehen. Nicht selten bindet ein Priester ihnen ein Tau um den Stamm, um sie so als heilig zu kennzeichnen. Es werden auch nicht alle Bäume beschnitten. Im Garten Meiji-jingu in Tokyo liegt ein Wald mit einem großen Schrein. Der Wald wurde mit immergrünen Pflanzen angelegt, aber entgegen der sonstigen Praxis sich selbst überlassen. So entstand ein einzigartiges Naturareal. Oft ist der *Shinto* verwoben mit dem Buddhismus. Die Gärten für die Mönche wurden so angelegt, dass sie sich in der Meditation mit der Natur verbinden können und erkennen, dass sie nicht verschieden, dass sie eins sind.

Und dann gibt es da noch die chinesische Philosophie der Geomantie, besser bekannt als *Feng-Shui*. Auch die japanische Stadt Kyoto wurde nach diesem Prinzip gebaut. Damals, im 8. Jahrhundert, war sie die Hauptstadt Japans. Nun wollte man den Chinesen natürlich nicht alles nachmachen und suchte in dem einen oder anderen Punkt nach geeigneten Alternativen.

Gemäß Feng-Shui bräuchte man beispielsweise eine Hauptstraße in Richtung Westen. Wenn die vorhandene Straße aber nun mal nicht gerade Richtung Westen führte, setzen die Cleverles einfach sieben Ahorne in Richtung Westen. Das sei genauso gut. Eine äußerst pragmatische Lösung. Jedenfalls beginnt die Geschichte der Niwaki wohl erst, nachdem der Buddhismus in Japan Fuß gefasst hatte. Daher kann man die beschnittenen Bäume, die der Landschaft nachempfunden wurden, wohl auch als eine Art ästhetischer Buddhismus bezeichnen. Übrigens – die weitaus bekannteren Bonsai verfolgen das gleiche Ziel wie die Niwaki: Beide sollen den Charakter des Baumes verdeutlichen. Es ist das Erkennen.

LEBEN GEHT LANGSAM

Er hat sich offenbar darüber Gedanken gemacht und hat die Langsamkeit zu Papier gebracht. Der Japaner Jirō Taniguchi war einer der bekanntesten Mangazeichner im Westen – vor allem in Frankreich und Belgien. Im Klappentext zu seinem Manga „Der Kartograph" heißt es: „Schritt für Schritt – das Maß der Dinge ist für den Kartographen der exakt gleiche Abstand. Daneben gilt es, immer ein Auge für die Dinge am Wegesrand zu haben. Aufmerksam zu sein gegenüber dem Leben, den Kreativen, den Künsten, der Natur." Taniguchi zeichnete unter anderem auch die Kindheit von Tomoji Uchida, der Begründerin des buddhistischen Shojushin-Tempels in den 1930er Jahren. Sie hatte einen männlichen Namen und eine durchaus harte Kindheit. Dennoch blieb sie sanft und gründete einen eigenen buddhistischen Weg, der stark verwoben ist mit Shinto, der japanischen Naturreligion, und der in Deutschland wenig Beachtung fand. Auch dieser Lebensweg entwickelte sich sehr langsam.

Aber muss immer alles schnell gehen? Am liebsten am schnellsten, viel schneller als alle anderen? Dann ist das Leben sehr kurz und nicht besonders achtsam. Bei einem Spaziergang durch die Stadt nimmt der Flaneur viel mehr wahr, als wenn er mit dem Auto durch die Straße fahren würde. Die duftenden Blumen der Vorgärten, die Architektur der Häuser, vielleicht auch die Menschen, die sich auf dem Bürgersteig aufhalten. Das gibt einen ganz anderen Eindruck beim langsamen Gehen als beim Herumfahren mit festem sturem Blick durch die Windschutzscheibe. Schritt für Schritt erkundet und vermisst der Kartograph von Jirō Taniguchi die alte japanische Hauptstadt Edo. Dabei wirft er immer auch einen Blick auf die Dinge am Wegesrand. Das Leben und die oft überraschenden Begebenheiten des Lebens ziehen unendlich langsam am aufmerksamen Spazierenden vorbei.

Schritt für Schritt – im Rhythmus der Atmung ist Schritt für Schritt das Leben spüren.

ES GIBT KEINEN NATÜRLICHEN SUV

Es gibt zumindest zwei „*mus*", die unbedingt zusammengehören. Das eine ist der Minimalis*mus* und das andere der Buddhis*mus*. Siddhārtha Gautama kam ja aus einer Yogi-Tradition. Und deren Vertreter verzichten bekanntlich auf alles, manchmal sogar auf das Essen, was natürlich auf Dauer nicht gut geht. Auch Jesus von Nazareth ging in die Wüste und verzichtete auf alles, er fastete 40 Tage lang. Nichts lenkte ihn ab vom einfachen Sein. Er suchte die Erleuchtung in der Wüste durch Gott – mit Gott. Es ging hierbei um eine Offenbarung. Ganz anders dagegen bei Siddhārtha Gautama. Er wartete nicht auf die Offenbarung. Er wartete darauf, dass er als Mensch die Dinge ganz klar erkannte. Er wollte sehen wie die Welt wirklich ist und nicht, wie wir sie uns vorstellen.

Was ist das, wenn Menschen einen SUV durch die Straßen chauffieren? Im Durchschnitt wird dabei ein Fahrer, sagen wir einmal von 75 Kilogramm Körpergewicht, mit mehr als 1,5 Tonnen Stahl und ganz viel Blech bewegt. Macht das Sinn? Die Fahrzeugindustrie verkauft kein Transportmittel, das man braucht, sondern eine Vorstellung, eine scheinbare Aufwertung des Egos. Dabei könnte es völlig reichen, einfach Mensch zu sein und die Kinder mit dem Roller in den Kindergarten zu bringen. Ähnliches gilt für die Häuser, in denen wir wohnen. Wir bewegen uns in Stein- oder Betonbauten mit vier, fünf oder mehr Zimmern. Aufhalten können wir uns aber immer nur in einem Raum. Minimalisten haben das längst erkannt und wohnen beispielsweise in einem Tiny House. „Was brauche ich wirklich?", fragen sie sich. Das bedeutet nicht zurück in die Höhle wie ein Neandertaler.

Es geht um den mittleren Weg, wie ihn der Buddhismus propagiert. So ist es durchaus denkbar, einen kleinen Tisch mit Elfenbeinfüßen zu haben. Der griechische Philosoph Epikur besaß ein solches Prachtstück und wurde dafür immer kritisiert. Denn Epikur lehrte ein einfaches Leben nach dem Lustprinzip. Er verstand die Lust nicht in puncto Sex, sondern als Lebensfreude, und die wiederum konnte erreicht werden in der Überwindung von Furcht, Schmerz und Begierden.

Bei der Furcht ging es ihm vor allem um die Furcht vor dem Tod. Die sollte es nicht geben. An Menoikeus schrieb er: „Das schauerlichste Übel, der Tod, hat also keine Bedeutung für uns; denn solange wir da sind, ist der Tod nicht da, wenn aber der Tod da ist, dann sind wir nicht da."

Ach ja – das Elfenbeintischchen … Epikur schrieb über seine Philosophie: „Auch die Unabhängigkeit von äußeren Dingen halten wir für ein großes Gut, nicht um uns in jeder Lage mit Wenigem zufrieden zu geben, sondern um, wenn wir das Meiste nicht haben, mit Wenigem auszukommen […]". Es ist nicht die Kasteiung, sondern der mittlere Weg, der auch ein kleines ästhetisches Utensil mit wertvollen Beinen zulässt, wenn es uns Lebensfreude bringt. Der SUV gehört nicht dazu. Auch nicht der Golfrasen hinterm Haus. Epikur zog Gemüse in seinem Garten, um sich und seine Anhänger zu versorgen. In dem Garten versammelten sie sich und anfangs wurde Epikurs Schule auch nach dem griechischen Wort für Garten – *Kepos* – benannt. Die Philosophen lustwandelten zwischen Bäumen und Rabatten. Vermutlich griff der eine oder andere auch mal nach einem frischen Möhrchen, das er dann genüsslich in der Denkphase mümmelte.

Siddhārtha Gautama lehrte in den Wäldern, in der Natur. Seiner ersten Lehrrede über seine neuen Erkenntnisse hörten der Überlieferung zufolge Wildtiere zu. Mehr als 200 Jahre später erkannte auch Epikur den Wert der Natur: „Wenn du nach der Natur lebst, wirst du niemals arm. Wenn du nach den Meinungen lebst, wirst du niemals reich".

DIE WISSENSCHAFT, DIE WISSEN SCHAFFT

Im Buddhismus wird vieles gewusst oder auch intuitiv erfahren, was die Wissenschaft erst mühsam zu erklären versucht. Warum ist das so? Kann es tatsächlich sein, dass Meditation schlauer macht? Und muss ich dafür Buddhist sein? Der 14. Dalai Lama hat erkannt, dass sich der Buddhismus durchaus auch die neuen wissenschaftlichen Erkenntnisse zunutze machen kann.

Mittlerweile ist es medizinisch bewiesen, dass Meditation dabei hilft, Stress und Angst zu reduzieren. Damit beschäftigt sich seit 1969 der Molekularbiologe Jon Kabat-Zinn. Er entwickelte aus der Zen-Meditation sein MBSR – Mindfulness-Based Stress Reduction, das mittlerweile überall auf der Welt gelehrt und praktiziert wird. Meditieren hilft zudem, sich auf die Dinge des Tages zu konzentrieren. Aber es wurden noch mehr Studien mit Meditierenden durchgeführt, beispielsweise am Waisman *Center der University of Wisconsin-Madison (USA)*, die zeigten, dass das Gehirn auf die verschiedenste Weise beeinflusst werden kann. Meditation kann sogar dazu führen, dass das Gehirn sich vergrößert. Vielleicht wird man dadurch auch ein wenig schlauer. Das ist allerdings bisher noch nicht wissenschaftlich bewiesen.

Bewiesen ist dagegen, dass Meditation der Demenz vorbeugt. Dabei scheint es egal zu sein, welchen Weg der Meditation Sie verfolgen: egal ob Zen-Meditation, Achtsamkeitsmeditation oder Mantra-Meditation, um nur einige der Meditationsarten zu nennen. Unterm Strich gibt es also keinen falschen oder richtigen Weg zum Meditieren, wichtig ist lediglich die Regelmäßigkeit.

Ganz besonders in drei Hirnbereichen ließen sich Veränderungen messen:

- im präfrontalen Kortex, der dafür sorgt, Entscheidungen zu finden

- in der Amygdala, die unsere emotionale Reaktion kontrolliert

- und letztendlich im Hippocampus, der verantwortlich ist für unser Gedächtnis und das Lernen.

In einer Studie, die in der Zeitschrift *Psychiatry Research* veröffentlich wurde, stellten die Wissenschaftler fest, dass bereits nach acht Wochen regelmäßiger Meditation Veränderungen im Gehirn messbar sind. Und – das Gehirn altert langsamer. Die Synapsen oder besser gesagt die Synaptogenese wird stimuliert. Normalerweise verlieren wir ein wenig an Gehirnmasse, wenn wir altern, und genau das wird durch die regelmäßige Meditation nachweislich gestoppt. Auf dem Kongress *Meditation und Wissenschaft* im Jahr 2022 hielt Prof. Dr. Stefan Schmidt einen Vortrag über neue Erkenntnisse und ob man nun besonders lange meditieren muss, um Effekte zu erzielen. Er stellte den Brain-Age-Index vor und ein daraus resultierendes Ergebnis aus der Forschung. Kurz: Im Durchschnitt ist das Gehirn von regelmäßig Meditierenden um 7,5 Jahre jünger als das der Vergleichspersonen in der Studie.

Nach soviel gesicherter Erkenntnis wird es nun Zeit zu meditieren.

HUME UND DAS LEID

„Von welchen Ursachen leite ich mein Dasein ab und wohin geht meine künftige Bestimmung?" Diese Fragen quälten den schottischen Philosophen David Hume. Er beobachtete die Menschen und wie sie handeln. Für ihn waren sie zum Handeln und Denken geboren. Er versuchte herauszufinden, warum Menschen so handeln wie sie handeln. Dabei nahm er Bezug auf Gewohnheiten und die gelernten Blaupausen für unser Denken und Handeln. Heute würden Hirnforscher bestätigen, dass alles im limbischen System des Gehirns angelegt ist. Hume schrieb zudem, dass sich alles von starken lebhaften Empfindungen ableiten lässt. Er nannte es Sensualismus. Und spätestens jetzt kommen wir zu buddhistischen Gedanken. Denn Hume fragte sich, ob die äußeren Dinge um uns herum unabhängig existieren und sich von unseren Wahrnehmungen unterscheiden.

Wenn also jemand mit einem Messer in unseren Körper sticht, folgen daraus ganz klar Schmerzen.

Und zwar nicht unerhebliche. Aber führt das auch zum Leiden? Es kommt darauf an, wer das Messer führt. Ist es jemand, der uns bedroht, weil er sich reiche Beute aus unserem Portemonnaie erhofft, oder ist es ein Chirurg, der mit seinem Skalpell versucht, einen Tumor zu entfernen. Offenbar spielt die Absicht des menschlichen Handelns eine Rolle, ob uns zwar Schmerz zugefügt wird, aber nicht unbedingt Leid. Wobei ich natürlich hoffe, dass der Chirurg mir vor der Operation eine Betäubung verabreicht hat.

Hume kam im 18. Jahrhundert auch zu dem Ergebnis, dass es kein Selbst oder Ich gibt. Wer nimmt äußere Reize wahr? Die Augen, die Ohren, die Haut? Wo finde ich ihn im Körper? Also – das Selbst oder Ich müsste sich, so Hume, zumindest von einem Sinneseindruck herleiten lassen. Aber im Gehirn gibt es ja lediglich eine ständige Abfolge von Gedanken. Wo ist das Ich? Es könnte aufgrund der Sinneseindrücke zu einer Idee von einem Ich kommen. Eine Idee von etwas kann aber unmöglich der Kern selbst sein. Es ist so als wenn Dokumentarfilme immer mit „Eine Annäherung an …“ betitelt werden. Es bedeutet letztendlich, dass der Dokumentarfilmer die Person nicht wirklich im Kern gefunden hat. Er gibt schon in der Überschrift sein Scheitern bekannt.

Gibt es denn tatsächlich ein Selbst? Theravada-Buddhisten bekommen nach der Ordinierung eine Aufgabe. Sie sollen darüber meditieren, wer sie sind – was das Ich-Bewusstsein ausmacht.

Vorausgesetzt es existiert.

LASST UNS WERDEN WIE DIE PILZE

Schon mal was von einem Myzel gehört? Nun ja – es ist das natürliche Internet der Welt, so jedenfalls sagt es der bekannteste amerikanische Pilzexperte Paul Stamets. Er beschäftigt sich bereits seit Jahrzehnten mit Pilzen und ihrem Geflecht, dem Myzel. Denn der Pilz, so wie wir ihn beispielsweise auf dem Waldboden sehen, ist lediglich der Fruchtkörper. Der Rest ist unsichtbar. Die Bäume im Wald beispielsweise kommunizieren über das Myzel miteinander. Darüber berichtete der deutsche Förster und Buchautor Peter Wohlleben. Elektrische Impulse geben die Informationen im Myzel weiter. Was wäre, wenn die ganze Welt so funktionierte? Alles ist mit allem verbunden. Hier zeigt sich durch die jüngste wissenschaftliche Forschung über das Myzel ein uralter buddhistischer Gedanke: Alles ist mit allem verbunden. Das versuchen wir als Menschen offensichtlich auch mit dem Internet und bilden dabei doch nur ein Myzel nach, das die Welt wie einen Kokon umhüllt. Die Information aus der Natur dazu liegt schon lange in uns verborgen.

Außerdem: Die Pilze kompostieren alles in der Welt. Aus den Dingen, die sie bearbeitet haben, entsteht neues Leben. Auch die wunderschönste Blume verblüht einmal, wird zu Kompost und bildet so wieder die Grundlage für neue wunderbare, faszinierende Blumen. Stamets hat bei seinen Versuchen mit den Pilzen sogar herausgefunden, dass ein Pilzgeflecht schädliche Bakterien aus dem Abwasser filtert. Er fand heraus, dass Austernpilze eine mit Benzin und Öl verseuchte Erde wieder in Ordnung brachten. Sie vertilgten 99 Prozent aller Schadstoffe aus dem Boden. Pilze produzieren sogar starke Antibiotika. Ein Bereich, der in der Medizin noch nicht vollständig erforscht ist.

Alles ist mit allem verbunden und kann genesen. In der Meditation kann sich der Mensch mit dieser natürlichen Tatsache auseinandersetzen und letztendlich auch erfahren. Unsere Gedanken bestehen aus elektrischen Impulsen, die weitergeleiteten Informationen in einem Myzel bestehen aus elektrischen Impulsen. In der Natur, zu der auch wir gehören, scheint alles schon zu existieren. Wir können es meistens nur nicht sehen. Die buddhistischen Silas, die Verhaltensregeln für ein paradiesisches Leben in der Welt, geben uns dazu die Richtung. Kein Lebewesen töten oder verletzen, schließlich sind alle miteinander verbunden. Das ist wohl die wichtigste aller Tugendregeln, die der historische Siddhārtha Gautama herausgefunden hat.

ICH KANN DICH GUT RIECHEN

Ursachen führen zu Wirkungen und die sind dann wieder die Ursachen neuer Wirkungen. Diese Kette führt dazu, dass wir oft leiden. Zu diesen Ursachen und Wirkungen gehören in jedem Fall die Sinneswahrnehmungen und die Erinnerung daran.

Mein Vater war gestorben und ich hatte mich vor der Beerdigung am offenen Sarg von ihm verabschiedet. Auf der Rückfahrt vom Leichenschauhaus zu meiner Wohnung bemerkte ich auf einmal einen Geruch, den ich kannte. Es war der Geruch des Rasierwassers meines Vaters, von dem er immer zu viel auftrug. Er wollte schließlich stets gut riechen, da er sich immer wieder mit anderen Frauen als meiner Mutter traf. Oft genug wurde ich als kleiner Junge von ihm mit hölzernen Kochlöffeln und Kleiderbügeln geschlagen. An die Schmerzen konnte ich mich später nicht mehr erinnern, aber an sein Rasierwasser, das ihn wie eine Wolke umgab, wenn er mich schlug. Diese Erinnerung roch ich förmlich, als ich mich auf dem Nachhauseweg weg von seinem Leichnam befand. Ich litt in dem Moment aufs Neue.

Medizinisch betrachtet, ist der Geruchsinn etwas ganz Besonderes und unterscheidet sich von den anderen Sinnen. Der Mensch ist tatsächlich in der Lage, bis zu einer Billion Gerüche zu unterscheiden. Dabei besteht ein Geruch eigentlich nur aus Molekülen, die von den Zilien, Ausläufern der Sinneszellen, in der Nase aufgenommen werden. Ein Kaffeegeruch besteht beispielsweise aus rund 800 verschiedenen Molekülen. Durch den feinen Geruch, den wir aufnehmen, werden Assoziationen erzeugt, beispielsweise an das Rasierwasser meines Vaters. Die Signale aus der Nase umgehen den Thalamus, in dem sonst alle Sinneseindrücke verarbeitet werden. Er entscheidet, was gerade wichtig ist und was nicht. Bei den Gerüchen kann er das nicht, denn die landen direkt im Riechkolben, einem Sektor im vorderen Bereich des Gehirns. So werden Gefühle erschaffen. Gerüche lösen Erinnerungen aus, die vorher in der Amygdala gespeichert worden sind. Sie hat den Schrank voller Blaupausen für unser Verhalten im Leben. Vor diesem Hintergrund sollten auch die Räucherstäbchen oder der Raumduft sehr sorgfältig ausgesucht werden. Irgendwo gibt es sicherlich ein positives Gefühl zu einem ganz speziellen Geruch.

Es sieht also nur scheinbar so aus, als ob wir uns in der Realität bewegten. Tatsächlich aber ist es unser Gehirn, das die Realität erschafft. Das wusste Siddhārtha Gautama schon vor 2.500 Jahren und das erstaunt mich immer wieder. Es ist offensichtlich, dass wir unser Leiden auch im Gehirn erschaffen. Das Leiden, dass durch den Sinneseindruck des Geruchs entsteht. Sind wir uns dessen bewusst, können wir die endlose Kette von Ursache und Wirkung aufbrechen und uns aus ihr befreien.

DIE GRÖSSTE KRAFT IM UNIVERSUM?

„So habe ich gehört …" Mit diesem Satz beginnen die ältesten Lehrreden des Siddhārtha Gautama im Pali Kanon. Auf Pali *„evam me suttam".* Erst 1954 wurde auf dem sechsten Theravada-Konzil in Rangun der Pali-Kanon schriftlich festgehalten. Fast 2.500 Jahre nachdem Siddhārtha diese Lehrreden gehalten hatte. Das bedeutet aber nicht, dass die Texte nicht genauso gehörten wurden, weil vielleicht der eine oder andere Mönch etwas ausgeschmückt oder weggelassen hatte. Die Texte wurden schlichtweg wortwörtlich auswendig gelernt, um sie getreu wiedergeben zu können. Aber, korrekterweise, haben die Mönche diesen Texten immer wieder vorangestellt: *„So habe ich gehört …", „evam me suttam".*

So ging es mir in diesen Tagen ähnlich. Mir wurde ein Text geschickt, der ein altes buddhistisches Märchen erzählt (möglicherweise auch eher ein hinduistisches Märchen, wegen der vielen Götter). Wer der Urheber ist, sei nicht bekannt, hieß es.

Dieses alte Märchen berichtet von den Göttern, die zu entscheiden hatten, wo sie die größte Kraft des Universums verstecken sollten. Sie wollten die Kraft an einem Ort verstecken, an dem sie der Mensch nicht finden könnte, bevor er reif genug wäre, sie verantwortungsvoll zu gebrauchen.

Einer der Götter schlug vor, sie auf der Spitze des höchsten Berges zu verstecken. Die anderen Götter schüttelten den Kopf und hatten Bedenken, dass der Mensch irgendwann auch den höchsten Berg besteigen würde.

Wiederum einer aus der illustren Götterrunde schlug vor, die Kraft auf dem tiefsten Grund des Meeres zu verstecken. Sie erkannten, dass der Mensch auch diese Region erforschen würde. Er würde die größte Kraft des Universums dort finden, bevor er reif dafür wäre.

Schließlich sagte der weiseste Gott: *„Ich weiß, was zu tun ist. Lasst uns die größte Kraft des Universums, im Menschen selbst verstecken. Dort wird er niemals danach suchen."*

Und so versteckten die Götter die größte Kraft des Universums im Menschen selbst. Dort liegt sie noch immer und wartet darauf, dass wir sie in Besitz nehmen und weisen Gebrauch von ihr machen.

Manchmal wäre es ganz schön, wenn Märchen wahr werden, oder? Das soll ja auch schon mal vorgekommen sein.

ROT – DIE URFARBE

Es ist eine ganz besondere Farbe – die Farbe Rot. Sie steht für das Leben, vor allem deshalb, weil unser Blut rot ist. Aber auch die Sonne scheint oft rot und ohne die Sonne ist schließlich kein Leben auf der Erde möglich. Nicht zuletzt ist Rot auch die Farbe der Liebe. In der gesamten Himalaya-Region tragen die Buddhisten ein eher dunkles, warmes Rot, das am ehesten dem Farbton Bordeaux entspricht. Die Farbe ist das Symbol für Weisheit, Erhabenheit, Tugend und schließlich auch für Vollendung. Damit ist klar, dass dieses Rot mit seiner Symbolik das Ziel der buddhistischen Praxis darstellt. Bei den Gebetsfahnen, die im Himalaya omnipräsent sind, steht Rot für das Element des Feuers. Es bezieht sich damit auf eine Lehrrede Siddhārthas: die Feuerrede (im Adittapariyaya Sutta). Darin geht es darum, wie der Mensch durch das Loslassen die Befreiung vom Leiden erreicht. Er erläutert unsere Sinneserfahrung und bezeichnet Phänomene wie Leidenschaft und Abneigung als ein Feuer, das uns verbrennt. Aber wenn wir das erkennen, befreien wir uns von den Reaktionen auf diese Phänomene.

Im heutigen Gebiet von Nepal, im Ort Lumbini, wurde Siddhārtha Gautama geboren und die Nationalflagge Nepals ist in Rot gehalten. Sie wird umrahmt von einem kleinen blauen Rand, der den Frieden und die Harmonie symbolisiert. Das Rot ist gleichzeitig die Nationalfarbe Nepals, die neben dem Buddhismus auch durch die Nationalblume Rhododendron geprägt ist. Die Flagge Bhutans zeigte zudem ursprünglich die beiden Farben Orangerot und Rotbraun. Das Rotbraun wurde später durch Safrangelb ersetzt, das die Farbe des Königshauses ist.

Zurück zum Rot im westlichen Sinne, das zu den Urfarben, den reinsten Farben gehört. Es wurde in früheren Zeiten als Heilfarbe und beim Heilzauber verwendet. Im arabischen Raum steht Rot als Symbol für das Schöne. Hände und Füße werden zur Verschönerung mit rotem Henna gefärbt. Und wer es gerne wissenschaftlich habe möchte: *„Rot ist eine Farbempfindung, die durch Licht mit Wellenlängen von etwa 590 nm bis zum langwelligen Ende des Spektrums (etwa 750 nm) hervorgerufen wird"*, so die

Brockhaus Enzyklopädie. Eine solche Erklärung hatten die Mönche natürlich nicht. Sie nutzten eine Farbmischung einfach aus einem Pflanzensud aus Wurzeln, Rinde, Blättern, Blumen und Früchten. Nun ja, das war früher viel Arbeit und daher nehmen die Mönche heute pfiffigerweise schon mal gerne Safran und Ocker. Ist billiger und geht schneller.

Hier ist der Mönch eben auch Pragmat.

SITZEN IST REVOLUTION

Sitzen, stillsitzen, ist etwas zu tun, ohne etwas zu tun. Du spürst, dass du lebst, weil du nicht abgelenkt bist dadurch, dass unbedingt etwas getan werden muss. Gut – man spürt auch sich selbst, wenn der Mensch von einem Kran stürzt und nur mit einem Gummiseil an den Füßen gehalten wird. Dieses Band verhindert, dass der Sprung, der Adrenalin bringen soll, schließlich final endet. Aber beim Sitzen sitze ich nur. Die Augen sind halb geschlossen und das Bild vor den Augen verschwimmt langsam. Die Gedanken bleiben, aber auch sie verschwinden irgendwann, wenn sich der Meditierende auf die Gedankenpausen zwischen den Gedanken konzentriert. Es ist nur sitzen.

Ich schreie nicht, ich bin nicht wütend, ich nehme keine Waffe in die Hand, ich kann keinem schaden, auch der Umwelt nicht, weil ich nicht in ein Auto steige und aufs Gas trete. Ich sitze. Ich beanspruche dabei nur einen ganz kleinen Platz, etwa 80 mal 80 Zentimeter. Das ist nicht viel, was ich als Raum in der Welt einnehme. Ich brauche keine Wälder niederzubrennen, nur um Platz zu haben. Für was, wenn doch noch nicht einmal ein Quadratmeter reicht? Es bleibt Platz für die Tiere um mich herum. Ich kann sie lassen, weil ich ja nicht viel Platz brauche. Ich atme ganz ruhig ein und aus und verbinde mich so mit allen Lebewesen auf der Welt, die ebenfalls atmen. Es ist keine andere Luft. Wir sind verbunden.

Ich sitze, ich lebe und bin Teil der Welt. Ich bin der stille Revolutionär nur dadurch, dass ich nichts tue.

DAS MODELL MENSCH. WARUM?

Mal ehrlich: Welchen Zweck hat das Modell Mensch in der Natur? Das Leben macht keinen Sinn. Es versucht, sich lediglich ständig zu erhalten und Modelle, die nicht funktionieren, aussterben zu lassen. Zur allgemeinen Selektion des Lebens gehört es, immer zu versuchen, ein Erfolgsmodell herauszukristallisieren, das sich gegenüber den anderen Modellen durchsetzt. Hier schimmert der Darwinismus durch. Das Selektionsprinzip steht dabei im Vordergrund. Kann das der einzige Sinn sein, den uns die Natur vorgibt? Die Entwicklung von chemischen Stoffen zu Einzellern, die sich dann zu immer komplexeren Arbeitskreisen zusammenfinden, die ihrerseits wiederum einen komplexen Organismus entstehen lassen, der zum Schluss Homo sapiens genannt wird. Ist es das? Und um den Ganzen die Krönung aufzusetzen, zerstört der Homo sapiens die gesamte Grundlage seines eigenen Lebens, den Planeten Erde. Also: Als Natur gedacht, scheint es mir doch blödsinnig zu sein, etwas über Jahrtausende mühsam zu entwickeln, nur damit es sich zum Schluss selbst zerstört.

Was ist also dann der Sinn des Lebens? Der Dalai Lama sieht es darin, glücklich zu sein. So jedenfalls beschrieb er es in einem Interview mit dem Psychologen Howard C. Cuttler. Jeder habe ein Recht auf Glück. Er sagte zudem, dass jeder lernen könne, glücklich zu sein. Hier spricht der Buddhist. Es ist eine Sache, Schmerz zu empfinden, aber eine andere Sache, zu leiden. Und wenn es gelingt, beides voneinander zu trennen, hört das Leid auf. Aber noch einmal zurück zum Glücklichsein als Sinn des Lebens. Das kann nicht der Sinn des Lebens sein! Nehmen wir beispielsweise den Sex. Von der Natur aus macht er den Sinn, dass wir uns fortpflanzen und dass sich somit der Homo sapiens auf dem Planeten vermehrt und erhalten bleibt. Weil der Mensch stets glücklich sein will, hat die Natur nun die Lust und ein äußerst angenehmes Gefühl mit Sex verbunden. Daher mag der Mensch Sex und pflanzt sich fort. So – die Lust selbst ist aber nicht der Sinn, sondern die Fortpflanzung. Also kann der Sinn des Lebens nicht darin bestehen, glücklich zu sein. Welchem Ziel, um es einmal anders zu formulieren, dient dann das

Leben? Wenn die rein biologische Entwicklung abgeschlossen ist, kann es eigentlich nur in die nächste komplexe Entwicklung gehen und das wäre die geistige Entwicklung des Menschen, die den körperlichen Verfall überwindet.

DIE ZWEI ODER KEINE

Die Null gibt es als Zahl eigentlich nicht, weil sie eine Definition zwischen positiv und negativ ist. Es ist so etwas wie die Gegenwart auf einem Zeitstrahl, der nach links die Vergangenheit anzeigt und nach rechts die Zukunft, die ja mit der Eins beginnt. Aber die Zwei ist einfach etwas ganz Besonderes. 2022 hatten wir so ein besonderes Zweier-Datum: den 02.02.2022. Viele haben sich das für die ewige Zweisamkeit sicherlich als Hochzeitsdatum ausgesucht und ich möchte nicht wissen, wie viele Schwangere ihre Niederkunft zu diesem Tag geplant hatten. Das wäre dann ein Geburtsdatum, das man so leicht nicht mehr vergisst. Beim menschlichen Körper spielt die Zwei auch eine große Rolle. Das meiste ist doppelt vorhanden, also zweimal: Augen, Lungen, Hände. Und was wäre der Fortbestand der Menschheit, wenn es nicht zwei Geschlechter gäbe? Schon in der Bibel wurde befunden, dass das im Paradies mit dem Mann alleine nicht so recht klappt. Also her mit einem anderen Geschlecht, der Frau. Zu zweit ist es doch am schönsten. Außerdem ist die

Zwei mathematisch gesehen die kleinste Primzahl und dazu noch gerade. Mit der Zwei sind wir auch im heutigen Zeitalter, der digitalen Welt, angekommen. Denn man braucht lediglich zwei Zahlen, um alle Informationen darzustellen. Auch bei einer Website im Internet und allem, was auf ihr geschrieben steht.

Die Zwei lässt sich hervorragend philosophisch betrachten. In der buddhistischen Philosophie geht es ja gerade darum, die Dualität aufzuheben – nicht zu werten, das ist dieses oder eben jenes. Eine Dualität geht eigentlich auch nicht. Stellen Sie sich ein Blatt Papier vor. Es hat eine Rückseite und eine Vorderseite. Ja – das ist dual betrachtet. Aber sehen wir es mal so: Lässt sich die Rückseite von der Vorderseite ablösen? Können wir die Seiten alleine betrachten? Kann es ein Blatt mit nur einer Vorderseite geben? Die Antwort darauf ist ganz klar: Es gibt nur ein Blatt und das hat eine Vorder- und eine Rückseite, sonst wäre es kein Blatt, oder?

So ist die Zwei vielleicht tatsächlich eins wie bei dem Symbol von Yin und Yang. Es besteht zwar aus Schwarz und Weiß, aber im Weiß ist auch

Schwarz und umgekehrt. Gemeinsam bilden sie eins, obwohl sie zwei sind.

Fazit: Es lohnt sich tatsächlich über die Zwei nachzudenken.

OHNE KLAREN HIMMEL KEINE WOLKE

Nichts geht in dieser Welt verloren. Um das zu sehen, braucht man kein Wissenschaftler zu sein. Es reicht, einfach die Natur zu beobachten und sich über die Jahreszeiten zu freuen, die immer wieder zeigen, wie aus etwas Vergangenem etwas Neues entsteht. Das Blatt, das im Herbst zu Boden fällt, wird von kleinsten Lebewesen in seine Bestandteile zerlegt und dient schließlich mit anderen als Humus für die neue Pflanzengeneration. Das Wasser gefriert zu Eis und ist dann scheinbar etwas völlig anderes als in seiner vorherigen Existenz. Es kommt das Frühjahr und das Eis schmilzt und das Wasser ist wieder da wie vorher. Es kommt immer wieder zu neuen Erscheinungsformen – doch es bleibt immer was es ist: Wasser.

Die Luft im blauen Himmel ist klar und scheinbar aus dem Nichts entsteht eine Wolke. Die Feuchtigkeit der Erde lässt die Wolke entstehen und wenn sie ihre Feuchtigkeit wieder abgegeben hat, löst sie sich in einem strahlend blauen Himmel auf. Nichts vergeht und es ist schon immer da. Und manchmal bedingen sich die verschiedenen Erscheinungsformen, obwohl sie sich nicht berühren wie bei der Geschichte von Meister Tozan, einem der bedeutendsten Meister aus der chinesischen T'ang-Zeit:

„Der blaue Berg ist der Vater der weißen Wolke. Die weiße Wolke ist der Sohn des blauen Berges. Den ganzen Tag bedingen sie sich gegenseitig, ohne voneinander abhängig zu sein. Die weiße Wolke ist immer die weiße Wolke. Der blaue Berg ist immer der blaue Berg."

Vielleicht brauchen wir aber eine neue Erkenntnis, wenn wir an den Wandel des Klimas in der Welt denken. Alles ist miteinander verbunden, das sagt Meister Tozan, aber alles ist auch voneinander abhängig. Die wissenschaftlich fundierte biologische Diversität konnte Meister Tozan aufgrund seiner reinen Beobachtung der Natur noch nicht erkennen. Heute wissen wir um diese Abhängigkeiten und trotzdem sind wir nicht bereit, unser Leben radikal zu ändern. Es gibt ein Gleichgewicht der Erscheinungsformen. Wenn wir nicht mehr sind, wird die Natur dieses Gleichgewicht wieder von alleine herstellen.

DAS PARADIES IST MÖGLICH

Ob es Gott gibt oder nicht, daran scheiden sich die Geister. Bei diesen Geistern handelt es sich natürlich nicht um esoterische Astralkörper. Gemeint ist der menschliche Geist im Plural. Die christlichen Konfessionen sagen, dass es diese höhere Instanz gibt. Aber es gibt dazu keinen Beweis, keinen sogenannten Gottesbeweis, den auch schon die Philosophen versucht haben zu finden – allen voran der Universalgelehrte Gottfried Wilhelm Leibniz mit seiner Abhandlung *Theodizee*. Er stellte die Frage nach der Gerechtigkeit Gottes und wie es denn bitteschön sein könne, dass es so viel Leid in der Welt gebe? Und das alles, obwohl Gott doch allmächtig sei. Er versuchte einen Lösungsansatz in dieser Frage, indem er den freien Willen des Menschen Gottes Allmacht gegenüberstellte. Leibniz war der Ansicht, dass wir tatsächlich in der bestmöglichen aller Welten des Universums leben. Und warum machen wir daraus nicht unser Paradies?

Offenbar ist es der Glaube an die Allmacht Gottes, der uns daran hindert, unser Wissen über die Natur umzusetzen. Lieber geben wir die Verantwortung ab. Schließlich ist Gott dafür zuständig. Zu Zeiten der Inquisition wurden die verdammt, die nicht glaubten. Wie kann man befehlen zu glauben? Der menschliche Geist kann vielleicht versuchen zu ergründen, ob es eine höhere Macht gibt. Und das ist das Schöne am Buddhismus, der, das muss wirklich immer wieder betont werden, keine Religion ist, sondern eine Erkenntnisphilosophie. Es gibt keine Offenbarung, keine Apokalypse, die von einem göttlichen Wesen übergeben wurde. Im Buddhismus muss der Mensch sich einfach nur hinsetzen und nach Erkenntnis streben, die einem kein anderer Mensch geben kann.

DSCHUNGELPARADIES WO BIST DU?

Was wäre eigentlich, wenn ein unbekanntes Volk, im Dschungel des Amazonas etwa, nach ethischen Prinzipien leben würde? Wäre es in den Augen der Kirche verdammungswürdig, weil es einfach noch nie etwas von Gott gehört hätte und trotzdem die Essenz der zehn Gebote oder der buddhistischen Silas leben würde? Mit Sicherheit nicht. Trotzdem reisten christliche Missionare häufig zu den „Heidenvölkern" und predigten das Himmelreich und wenn jene nicht daran glauben würden, dann kämen sie schnurstracks in die Hölle. Her mit dem Leid! Hier scheint mir ein großer Irrtum der Kirche vorzuliegen. Die Völker des Amazonas haben vielleicht aus eigener Beobachtung heraus ein moralisches Zusammenleben entwickelt, das auch aus der Erkenntnis kommt, dass kein Mensch Leid erfahren möchte. Und daher handeln sie eben so, dass sie keinem Leid zufügen. Jede Abwesenheit von Leid führt schlicht und ergreifend dazu, ein glückliches Leben zu führen. Ja – es gibt auch bei ihnen sicher Krankheit, Verletzungen und Tod. Sie haben aber gelernt, den Schmerz vom Leid zu trennen, und die Menschen im Amazonasgebiet bemühen sich zudem, das Leid immer und überall zu lindern.

ICH ERKENNE DICH NICHT WIEDER!

Wer schon einmal an einem Fluss gebadet hat, denkt vermutlich, dass er immer wieder an derselben Stelle in das kühle, leicht dahinfließende Wasser taucht. Ein guter Bekannter von mir, Klaus, schwärmte immer von einer ganz tollen Stelle in dem Flüsschen Sieg. Das ist ein Fluss, der durch die Naturregion Rhein-Sieg fließt und schließlich in den Rhein mündet. Auch mein Sohn schwört auf eine prima Stelle, in der er immer sein Kajak zu Wasser lässt. „Es ist immer dieselbe Stelle", betont er. Ist sie das wirklich? Sind wir wirklich in der Lage immer an derselben Stelle in den Fluss zu steigen? Das Wasser fließt stetig. Wenn wir vor einer Minute in das Wasser gestiegen sind und wieder den Fuß in die kleinen Wellen tauchen, ist es nicht mehr dasselbe Wasser. Das, worin wir zuvor unseren Fuß eingetaucht haben, ist eine Minute flussabwärts. Auch die Kiesel auf dem Ufer sind nicht mehr an derselben Stelle. Sie haben sich für unser Augen unmerklich verändert und ihre Position verändert.

So geht es tatsächlich auch den Menschen. Sie verändern in einem Zyklus von rund sieben Jahren ihre komplette Struktur auf molekularer Ebene. Das haben Wissenschaftler wie der Zellbiologe Jonas Frisen bereits im Jahr 2005 am Karolinska-Institut in Stockholm herausgefunden. Seine Forschungen haben ergeben, dass der Mensch „tatsächlich alle sieben bis zehn Jahre einen völlig neuen Körper" hat und dass die Veränderungen unterschiedlich schnell ablaufen. Dass der Körper dazu in der Lage ist, neue Zellen zu bilden, können wir ganz leicht feststellen, wenn wir uns verletzt haben. Die Wunde wird mit neu gebildeten Zellen geschlossen. Selbst unser Skelett, so hat Frisen festgestellt, wird alle zehn Jahre erneuert. Unser Körper verändert sich ständig. Der chinesische Regisseur Tian Li hat sich jedes Jahr einmal mit seinem Vater in immer derselben Pose fotografieren lassen, um die rein äußerliche Veränderung von sich selbst und der seines Vaters zu dokumentieren. Nachzulesen in einen Artikel der *Frankfurter Allgemeinen* vom 04.04.2017 unter dem Titel *Fast wie neugeboren*.

Nach den Grundsätzen der buddhistischen Philosophie ist das Leben auf allen Ebenen eine ständige Veränderung. Es sollte uns aber nicht traurig machen, dass wir vielleicht etwas scheinbar verlieren, sondern wir sollten die Veränderungen annehmen. Wir können sowieso nichts dagegen unternehmen, so sehr wir das manchmal auch wollen. Und oft bringt die Veränderung auch neue Kraft für die Zukunft. *„Jedem Anfang wohnt ein Zauber inne",* sagte Hermann Hesse.

KANN UNS DIE WELT ERNÄHREN?

Jetzt mal zu den schlechten Aussichten. Ja – ich weiß, es ist nicht so gut mit einer trüben Aussicht anzufangen. Düstere Hochrechnungen gehen davon aus, dass wir einmal 65 Milliarden Menschen auf unserer kleinen Weltkugel haben werden und wäre die Erde eine Scheibe, würden sicher einige über den Rand rutschen. Ich denke, es wird nicht dazu kommen und ich bin auch kein Verschwörungstheoretiker. Es war der britische Ökonom Thomas Malthus, der in seinem „Essay on the Principle of Population" im Jahr 1798 die künftige Überbevölkerung beschrieb. Die Erde könne auch nicht mehr alle ernähren hieß es in dem Essay und es komme unweigerlich zu Hungersnöten und Kriegen. Von den Epidemien ganz zu schweigen. So weit sind wir von diesen Prognosen aus dem 18. Jahrhundert aber nicht entfernt. Ab dem Jahr 2030 wird es, so rechnen die Wissenschaftler hoch, rund neun Milliarden Menschen auf der kleinen blauen Kugel, genannt „Erde", geben. Es wird allerdings vermutet, dass die Bevölkerung ab 2070 wieder sinkt. Das wäre ziemlich gut, denn mehr Menschen produzieren auch mehr Müll und Emissionen – den Klimawandel haben wir jetzt schon. Mittlerweile ist es wirklich keine neue Erkenntnis mehr, dass wir unser Konsumverhalten ändern müssen. Die Betonung liegt auf müssen. Es braucht einen Wertewandel.

Eigentlich brauchen wir uns keine Sorgen zu machen. Wir wissen alle, was wir tun können. Wir sollten unseren Wertmaßstab verändern oder uns einen neuen anschaffen. Es geht in der Welt nicht darum, schneller, größer, weiter zu sein und zu wollen. Warum bewundern wir nicht den, der ein kleines bescheidenes Haus hat, einen kleinen bescheidenen Wagen fährt und, sagen wir, ein mittleres Einkommen hat und dabei glücklich und zufrieden ist, weil es völlig ausreicht. Das wäre doch eigentlich gar nicht so schwer. Ein stärker minimalistisches Leben gäbe den Menschen zudem auch mehr individuelle Freiheit, ganz abgesehen davon, dass ein solches Leben weniger Sorgen bereiten würde. Denn um was sollte man sich Sorgen machen, wenn man wenig hat? Dann heißt die Formel: „Weniger Haben ist gleich weniger Sorgen." Alles nicht so kompliziert.

GESCHICHTEN REGIEREN DIE WELT

Im Marketing wird schon seit Jahren der Begriff „Storytelling" als Zauberformel für den Erfolg gemurmelt wie ein ewiges Mantra. Jedes Unternehmen soll sich ein paar Geschichten zurechtlegen und in das Zurechtbasteln ordentlich Zeit investieren. Wobei Zeit in dem Zusammenhang nicht der richtige Ausdruck ist, denn wenn wir Geschichten hören, sehen und denken, heben sie die Zeit auf. Wir sind zeitlos. Ein wunderbarer Zustand, der alles andere bedeutet als verlorene Zeit. Es ist eher gewonnene Zeit, die nicht zerrinnt.

Seitdem es die Menschheit gibt und sie sich wahrnimmt, haben wir uns Geschichten erzählt. Damit transportieren wir Informationen und Emotionen und wir haben uns mit Geschichten geheilt und uns gerettet. Ich denke, Psychotherapeuten würden in dem Punkt zustimmen. Wir leben in unserer eigenen Wahrheit, in einer Art Aquarium, das diesmal nicht mit Wasser gefüllt ist, sondern mit Geschichten.

Das, was außerhalb der Glasscheibe des Aquariums ist, sehen wir nur verschwommen. In den Geschichten dümpeln wir und merken nicht einmal, dass wir ständig von Geschichten umgeben sind. Aus dem Grund versuchen wir in der Meditation, uns der Geschichten bewusst zu werden, damit das „Wasser" um uns herum wieder klar wird und wir wieder freie Sicht bekommen. Offenbar fällt uns das aber schwer, weil wir auch selbst aus Geschichten bestehen. Aber wo sind *wir*? Wer ist das, der inmitten der Geschichten steckt? Oft ist es so, dass wir uns auch durch diese Geschichten identifizieren oder sie wie eine Rüstung vor uns hertragen. Wenn wir einem Menschen, sagen wir auf einer Party, begegnen, stellen wir uns vor: „Ich bin der Klaus", und das Gegenüber sagt: „Ich heiße Günther und was machst du so?" Dann platzt die Geschichte in einem Wort heraus: „Abteilungsleiter!" Super Sache. Das soll doch heißen: Ich habe es geschafft, ich habe Bedeutung, ich habe etwas zu sagen und ich bin wichtig. *Geschichten*! Man ist etwas, aber wer ist man wirklich?

TOD – RICHTIG TOT?

Es kommt meistens plötzlich. Selten erwartet der Mensch seinen Tod. Oft geht eine Krankheit voraus wie beispielsweise Krebs. Die Diagnose ist auch immer eine Warnung, sein Leben noch einmal zu überdenken, denn wer weiß schon, wann man gegen die Krankheit nicht mehr ankommt? Und was kommt danach? Buddhisten versuchen schon zu Lebzeiten, sich auf das Sterben vorzubereiten und sich der Endlichkeit immer bewusst zu sein. Natürlich nicht ohne das Leben in der Gegenwart zu genießen. Nur darum geht es. Wir können nicht in der Vergangenheit leben und auch nicht in der Zukunft, sondern nur in diesem schmalen Punkt der Gegenwart, die, will man in ihr verweilen, auch schon nicht mehr da ist. Passé ... fort. Vielleicht können wir gar nicht leben, denn das Leben ist eine Illusion. Dinge, die scheinbar wichtig sind, sind es nicht. Was nützt mir das Louis-Vuitton-Täschchen, wenn ich bei den Yanomami am Amazonas bin? Sie werden wohl kaum sagen: „Pooh ... super ... guck mal, der kann sich ein Louis-Vuitton-Täschchen leisten." Hier geht es eher darum, wie viele Früchte ich in dem Täschchen transportieren kann und ob es wasserdicht ist. Es ist in diesem Fall also wertlos. Die japanische Autorin Hideko Yamashita schrieb: „Wenn man zu viel Unnützes in sein Leben integriert, stumpft die innere Weisheit ab."

Ob es ein Leben danach gibt, weiß keiner. Auch wenn viele Esoteriker das Gegenteil behaupten. Und auch die vielen dokumentierten Nahtoderfahrungen sind letztendlich kein Beweis. Sie zeigen nur, dass es wohl nicht so schlimm wird, wenn wir sterben. Der Körper schüttet vom Rückenmark her viele Endorphine aus, um einen eventuellen Schmerz abzumildern. Der Tod ist die andere Seite des Lebens. Schon wenn wir geboren werden, bewegen wir uns auch auf den Tod zu. Das ist keinesfalls pessimistisch zu verstehen. Unser physisches Leben ist endlich und muss es auch sein, denn sonst würden wir erst recht an einer überbevölkerten Erde leiden.

Die Tibeter glauben, dass es im Sterben verschiedene Zustände gibt, die wir durchschreiten, die sogenannten Bardos. Wichtig ist zu wissen, dass der einzelne Bardo, die Vorstellung oder mentale Illusion, nicht von außen kommt, sondern von jedem selbst produziert wird. Hier wären wir wieder bei den Beschreibungen der Nahtoderfahrungen. Also – es bleibt dabei: Wir wissen nicht, was passiert, wenn wir nicht mehr in unserem physischen Körper sind. Es bleibt nur der Trost, den wir bekommen können, wenn wir die Natur beobachten. Nichts verschwindet aus dieser Welt. Es nimmt nur immer wieder andere Formen an, die sich an das, was vorher war, nicht erinnern können.

TIERE UND DIE BUDDHA-NATUR

Wie sieht es denn beispielsweise mit einem unserer liebsten Vierbeiner aus, dem Hund? Hat der Buddha-Natur? Siddhārtha hätte diese Frage wohl damit beantwortet, dass er eine Blume hochgehalten hätte. Aber zu seiner Zeit war der Buddhismus auch noch nicht in Japan angekommen und hatte sich dort zum Zen entwickelt. Den intellektuellen Zen-Buddhismus mit seinen paradoxen Fragen kannte er auch nicht. Wie auch? Schließlich war er der Begründer und alles andere kam erst ein paar hundert Jahre später. Aber zurück zu der Frage: Hat der Hund eine Buddha-Natur? Vielleicht sollten wir dabei erst einmal klären, was überhaupt Buddha-Natur ist. Im Japanischen heißt es Busshō – das Buddha-Wesen – und wird als Essenz der Vollkommenheit angesehen. Etwas, was nicht zerstört werden kann und auch mit dem Sterben nicht ausgelöscht wird. Und dieses Busshō ist in jedem Lebewesen, ohne dass es ihm bewusst ist. Normalerweise. Es sei denn, man ist ein wenig erwacht und kann die Dinge so sehen, wie sie wirklich sind.

Der Hund hat also, wie auch jedes andere Tier, eine Buddha-Natur. Die Frage nach Hund und Buddha-Natur wird Jōshū zugeschrieben. Er war ein chinesischer Meditationsmeister des Chans, aus dem später das japanische Zen entstand. Eigentlich hieß er Zhàozhōu Cōngshěn, aber das fanden die Japaner nicht so prickelnd und deshalb nannten sie ihn Jōshū. Wie auch immer. Es heißt, dass ein junger Mönch Zhàozhōu Cōngshěn danach fragte, ob der Hund eine Buddha-Natur oder nicht oder doch habe. Zhàozhōu Cōngshěn war wenig begeistert und sagte „Mu", wobei er keineswegs eine Kuh im Sinn hatte. Es war eine Antwort, die keine war und doch eine war. Heute würde man vielleicht ganz einfach sagen: „Blödsinn." Das wäre dann aber wieder eine Wertung und dabei wären wir wieder beim Dualismus, der aber aufgehoben werden soll. Jōshū zog mit seinem Mu eine Mauer hoch, die der kleine unwissende Mönch durchbrechen musste. Dabei wird er sich sicher einen blutigen Kopf geholt haben, wenn er immer wieder dagegen angerannt ist.

Der Mönch war offenbar eine faule Socke und hatte sich nicht mit den Reden des Siddhārtha auseinandergesetzt. Weil Siddhārtha selbst erklärt hat, so im Pali-Kanon, dass alle Lebewesen Buddha-Natur haben. Sie wissen es meistens nur nicht. Und – ist der Hund ein Lebewesen? Er ist heute sogar ein Familienmitglied. Heutige Buddhisten, die sich mit den Lehrreden Siddhārthas auseinandersetzen, sehen das offenbar ganz klar und auch wegweisend für unsere Zukunft als Menschen. Sulak Sivaraksa, ein buddhistischer Autor aus Thailand, sagt: „Mithilfe von Mitgefühl und einem tiefen Verständnis für alle Lebewesen sollen wir eine Welt erstreben, in der keine Lebewesen getötet und alle achtsam behandelt werden [Anm. …, weil sie Buddha-Natur haben]. Diese Handlungsweise schließt auch die Umwelt und die ganze Erde mit ein, da wir alle verbunden sind."

IST DIE STILLE TATSÄCHLICH STILL?

Sicher wird Diogenes in seinem antiken Tiny House, dem kleinen Tönnchen, ein wenig Stille genossen haben, um über das Sein nachzudenken. Bekanntermaßen störte ihn nur Alexander, der sich frech in den Eingang der Tonne stellte, sodass es dunkel wurde. Kein Wunder, dass unser griechischer Denker unmutig ausrief: „Geh mir aus der Sonne!"

Nun ja – wenn Sie heute Stille finden wollen, dann empfehle ich einen schönen Waldweg bei Regen. Das gleichmäßige Rauschen des Regens, wenn er auf die Blätter fällt, schafft Stille, auch wenn der Spaziergänger ihn hört. Denn Stille ist mehr als die Abwesenheit von diversen Geräuschen. Natürliche Geräusche können in uns Stille hervorrufen. Genauso wie Räume mit sanften, gedeckten Farben, wie sie in der Natur vorkommen.

„Musik wir oft nicht schön empfunden, weil sie stets mit Geräusch verbunden", sagte schon Wilhelm Busch. Aber er kannte ja auch noch nicht den Komponisten John Cage. Eine berühmte

Komposition von Cage wurde 1952 uraufgeführt. Und zwar so:

Der Pianist David Tudor schreitet langsam zu seinem Flügel. Das Publikum ist voller Erwartung. Er dreht sich an seinem Flügel noch einmal um und verbeugt sich vor dem Publikum, anschließend setzt er sich an sein Musikinstrument. Er rückt sich noch einmal zurecht. Aus dem Publikum ist ein leichtes Räuspern zu hören. Der Pianist bleibt sitzen, er rührt keinen Finger, nimmt die Hände nicht hoch zu den weißen und schwarzen Tasten seines Flügels. Das Publikum räuspert sich immer heftiger, der eine oder andere beginnt zu hüsteln, ein Unmutszischeln ist zu vernehmen. Die Zeit vergeht, nichts passiert. Nach exakt vier Minuten und dreiunddreißig Sekunden steht der Pianist auf, dreht sich zum Publikum und verbeugt sich.

Das Stück wurde so in der Maverick Concert Hall in Woodstock, New York uraufgeführt. Cage hatte es gewagt, „die Stille", das Tonlose, zu spielen. Der Komponist hatte sich mit dem Zen-Buddhismus beschäftigt und möglicherweise hatte ihn das zu dem tonlosen Stück inspiriert. Die Uraufführung löste einen Skandal aus, hatte das Publikum doch einen Musikgenuss erwartet und fühlte sich betrogen, weil es Stille geboten bekam.

Dieses Stück hat den Charakter einer Meditation, die das Publikum hätte genießen können. Aber die Erwartung hinderte es daran, diese in der Gegenwart auf sich wirken zu lassen. Bei einer Meditation im Sitzen gibt es ebenfalls die Möglichkeit, Stille zu finden. Sie merken schon, Stille ist nicht gleich Stille und hat nicht immer etwas mit einer vollkommenen Geräuschlosigkeit zu tun. Die Erde selbst gibt einen permanenten Brummton von sich. Die Eigenfrequenz der Erde ähnelt dem Klang, wenn eine riesige Glocke ausschwingt. Dieser wurde von Wissenschaftlern 1998 entdeckt und „Hum" genannt.

Tibetische Mönche versuchen übrigens seit dem 5. Jahrhundert n.Chr. sich mit diesem Ton durch das Aussprechen von *„Om"* (gesprochen *„Aum"*) zu synchronisieren.

AUF DEM TROCKENEN

Junge Buddhisten in der Theravada-Tradition bekommen bei ihrer Ordination oft die Aufgabe, zunächst einmal über die Frage zu meditieren: „Wer bin ich?" Wenn der frischgebackene Mönch vorher Abteilungsleiter war, dann ist er das jetzt nicht mehr und die ganzen Geschichten, in denen er schwamm, zählen nun nicht mehr. „Wer bin ich?" Eine interessante Frage, wenn ich auf dem Trockenen sitze, also quasi aus dem Aquarium heraus bin. Oder?

Versuchen Sie doch einmal, lieber Leser, kurz darüber nachzudenken, wer Sie wirklich sind, wenn Sie dieses Buch zur Seite gelegt haben.

Quellenangaben

- Minute der Besinnung, Wilhelm Sandfuchs, Echter Verlag Würzburg, 1967, S. 7

- Ohne Worte – ohne Schweigen, Paul Reps, O. W. Barth, 1993, S. 22

- www.theminimalists.com, S. 33

- Blauer Berg und weiße Wolke, Hrsg. Ursula Gräfe, Insel Bücherei, 2015, S. 118

GLOSSAR

RINZAI SHU

Wer Rinzai-Zen praktiziert, will es einfach ganz flott. Her mit der Erleuchtung, mit Satori. Es wird versucht, verschiedene geistige (scheinbar unlösbare) Aufgaben zu lösen. Der Mönch dieser Schule (jap. shu) bekommt mehrere dieser Rätsel wie beispielsweise: Was ist das Geräusch einer klatschenden Hand? Ein Denkbrocken, der mit Logik nicht zu lösen ist.

NIHON SHOKI

Es ist schlicht ein Geschichtsbuch. Das Besondere daran ist allerdings, dass es bereits 720 n. u. Z. entstanden ist. Also ganz schön alt und eine Frau, Kaiserin Genshō, hat dafür gesorgt, dass es auch zu Ende geschrieben wurde. Es heißt, dass ebenfalls buddhistische Mönche an der Niederschrift beteiligt gewesen sein sollen. Fortan war das Nihon

Shoki wohl, so ist zu vermuten, Pflichtlektüre für kleine japanische Prinzen.

ZENDŌ

Irgendwo muss der Meditierende doch ganz gepflegt seine Erleuchtung bekommen. Einen solchen Ort gibt es: das Zendō. Es ist der Raum, in dem Zazen geübt wird. Hier sitzen sie nun in Stille mit verschränkten Beinen und gehen in sich. Nur eine kleine Weihrauchfahne wabert geräuschlos durch den Raum.

SHIKANTAZA

Einfach nur sitzen, also nicht herumlaufen oder etwas tun, sondern einfach nur sitzen, das ist die Übersetzung von Shikantaza. Beim Sitzen im Zendō gibt es dabei auch kein Atemzählen mehr und kein an einem Koan Herumkauen.

AJAHN

Das ist eine Anrede, die in Thailand gebraucht wird. Als Ajahn werden nicht nur buddhistische Mönche, sondern auch Hochschullehrer betitelt. Im Prinzip sind es also die Personen, die vielleicht großes Wissen haben und das auch weitergeben. Einer der bekanntesten Ajahns ist wohl der Brite Ajahn Brahm, der in Australien einem Kloster vorsteht.

SHIKI

Wörtlich heißt das japanische Wort Shiki Bewusstsein. Aber das wäre natürlich im Buddhismus ein wenig zu einfach. Es gibt ganze acht Bewusstseinsarten: Gesicht, Gehör, Geruch, Geschmack, Tastsinn und Denken. Schließlich kommt noch das Ich, welches dann nichts mehr mit uns zu tun hat oder anders gesagt, die Auflösung des Egos. Zum Schluss geht es noch um Keime (Skrt. Manas). Jetzt wird es – nun ja – schwierig, denn es gibt einen Keimspeicher, aus dem immer wieder etwas nach oben kommen kann, was es aber nicht wirklich soll. Beispielsweise die Wut, die der Mensch auf keine Weise wässern sollte. Stattdessen sollte er nach dem Keim „Mitgefühl" suchen: ein junges Pflänzchen, das es zu pflegen gilt.

MAHAYANA

Kommt doch alle mit auf das Floß und lasst uns an das Ufer „Nirvana" paddeln. Einmal angekommen, können wir das Floß am Ufer liegen lassen. Das Floß ist groß und es passen viele Menschen und Tiere darauf. Deshalb heißt es im Sanskrit wörtlich „Großes Fahrzeug". Es ist auch durchaus möglich im Mahayana vom „Großen Weg" zu sprechen. Diese buddhistische Schulrichtung kam im 1. Jahrhundert v. u. Z. auf. Ziel ist die Erlösung vom Leiden für alle Menschen und Tiere. Und … es wird weniger Wert auf ein rein monastisches Leben gelegt.

THERAVADA

Für viele Buddhisten ist der Theravada der eigentlich wahre buddhistische Lebensweg. Also ab in den Wald und unter Vogelgezwitscher meditiert! Theravada ist Pali und bedeutet übersetzt: „Lehre der Ordensältesten". Es wird die Erleuchtung eines jeden Einzelnen angestrebt. Soweit die Historiker wissen, wurden diese Lehren etwa 250 v. u. Z. nach Sri Lanka gebracht. Sie breiteten sich weiter nach Myanmar, Thailand, Kambodscha und Laos aus.

KOJIEN

Da ist gar nicht viel zu sagen. Wer den Duden als Wörterbuch für die deutsche Sprache kennt, weiß, was wohl der Kojien für die japanische Sprache ist. Genau: das Wörterbuch der japanischen Sprache. Die Japaner sind hier ein wenig blumig in der Bedeutung des Begriffs, denn übersetzt bedeutet Kojien „Großer Garten der Wörter". Schön, oder?

SHIZUKA

Das Wort wird gerne mit friedlich, ruhig und still übersetzt. So soll der Meditierende friedlich und ruhig sein. Ebenso beim Frühstück oder Mittagessen ist es geboten, still zu sein. Kein Klappern von Geschirr und Löffeln und auch kein Schlürfen von Nudeln. Möglicherweise fällt das den Japanern am schwersten, denn Nudeln werden normalerweise ordentlich aus dem Schälchen geschlürft. Es heißt, dass sich dann die Aromastoffe der Soße durch die „Schlürfluft" besonders gut entfalten. Gut – aber bitte nicht im Kloster!

THICH NHAT HANH

Er war ein vietnamesischer buddhistischer Mönch, der vor allem dadurch bekannt wurde, dass er die Achtsamkeit in den 1970er Jahren in den Westen brachte. Er schrieb zahlreiche Bücher und wurde schnell, neben dem Dali Lama, zu einem internationalen Repräsentanten des Buddhismus. In Frankreich gründete er die Klostergemeinschaft

„Plum Village", die nach seinem Tod 2022 seine Lehren weiter praktiziert und auch jedem, der interessiert ist, näherbringt.

NIWAKI

Bonsais kennen viele. Das sind die kleinen, oft knorrigen Bäumchen in einem Topf. Jetzt lassen wir den Topf weg und sehen uns einen Baum in der Natur an und wenn wir den jetzt so zurechtstutzen, wie wir uns einen Baum vorstellen, der beispielsweise im Wind steht, dann haben wir einen Niwaki. Das japanische Wort Niwaki bedeutet übrigens nichts anderes als „Gartenbäume".

MENOIKEUS

Der Philosoph Epikur schrieb einen Brief an seinen Freund Menoikeus und das ist für uns ein Glück. Dieser Brief ist eine der wenigen erhaltenen Quellen von den Ideen des Philosophen Epikur, der gerne in seinem Garten lustwandelte und über das Lebensglück philosophierte.

PRÄFRONTALER KORTEX

Jetzt wird es ein wenig medizinisch. Der präfrontale Cortex (kann man ihn auch mit „K" schreiben) nimmt beim Hirn den vorderen Teil des Frontallappens ein. Und wozu ist er nun gut? Er hilft beispielsweise bei künftigen Planungen und löst Probleme. Dabei greift der Kortex auf schon gemachte Erfahrungen zurück. Auch das Arbeitsgedächtnis hat an der Stelle noch ein Eckchen gefunden.

LIMBISCHE SYSTEM

Haben Sie das Gefühl, Sie müssten Ihren Chef erwürgen? Tun Sie mir einen Gefallen und halten Sie sich zurück. Jedenfalls gehen solche Anwandlungen u. a. auf eine Störung des limbischen Systems zurück. Es besteht aus verschiedenen Teilbereichen des Gehirns unterhalb des Cortex, der Großhirnrinde. Sie können durch dieses System auch high werden, da vom limbischen System Endorphine ausgeschüttet werden. Sie machen sich dabei noch nicht einmal des Drogenmissbrauchs strafbar.

AMYGDALA

Der Mandelkern, wie die Amygdala auch genannt wird, gehört zum limbischen System. Er verbindet neue Informationen mit Emotionen. Wird er geschädigt, kommt es zu Gedächtnisstörungen. Die Wissenschaftler sind sich ziemlich sicher, dass das limbische System für verschiedene Verhaltensmuster verantwortlich ist. Kommt also eine bestimmte Situation auf uns zu, wird sie mit dem limbischen System abgeglichen. Und dann heißt es: „Kenne ich schon, darauf reagieren wir folgendermaßen …"

HIPPOCAMPUS

Her mit dem Seepferdchen, damit ich mir das merken kann. Der Teil des Gehirns, der hier gemeint ist, hat die Form eines kopflosen Seepferdchens und gehört ebenfalls zum limbischen System. Wenn sich das Seepferdchen in unserem limbischen System etwas merken muss, dann bildet es mal flugs neue Synapsen, also neue Verbindungen. Praktisch.